MILLIONNAIRE VIA CHATGPT

NEIL DAGGER

Copyright © 2023 by Neil Dagger

Avis de droits

Tous droits réservés. Aucune partie de ce livre ne peut être reproduite, stockée dans un système d'extraction ou transmise sous quelque forme ou par quelque moyen que ce soit, électronique, mécanique, par photocopie, enregistrement, balayage ou autre, sauf dans les cas autorisés par les sections 107 ou 108 du United States Copyright Act de 1976, sans l'autorisation écrite préalable de l'éditeur.

Ce livre est protégé par les lois sur le droit d'auteur des États-Unis d'Amérique. Toute reproduction ou utilisation non autorisée du matériel ou des illustrations qu'il contient est interdite sans le consentement écrit exprès de l'éditeur.

Avis de non-responsabilité

Ce livre est destiné à des fins informatives et éducatives uniquement. Les informations présentées dans ce livre ne remplacent pas les conseils professionnels financiers ou juridiques. L'auteur et l'éditeur ne font aucune déclaration ou garantie de quelque nature que ce soit, expresse ou implicite, quant à l'exhaustivité, l'exactitude, la fiabilité, la pertinence ou la disponibilité du livre ou des informations, produits, services ou graphiques connexes contenus dans le livre à quelque fin que ce soit. Toute confiance que vous accordez à ces informations est donc strictement à vos risques et périls.

L'auteur peut inclure des liens affiliés dans ce livre. Si vous achetez un produit ou un service par le biais de l'un de ces liens, l'auteur peut recevoir une commission. La présence de liens affiliés n'affecte en rien le contenu ou les recommandations formulées dans ce livre. L'auteur n'inclut des liens affiliés que pour les produits ou services dont il pense qu'ils apporteront une valeur ajoutée au lecteur.

Veuillez consulter un conseiller financier professionnel ou un avocat avant de prendre toute décision financière. L'auteur et l'éditeur n'assument aucune responsabilité pour les erreurs, inexactitudes ou omissions. Ils ne sauraient être tenus responsables de toute perte ou de tout dommage de quelque nature que ce soit, y compris, mais sans s'y limiter, tout dommage direct, indirect, accessoire, consécutif, spécial ou exemplaire, découlant de l'utilisation du livre ou des informations qu'il contient, ou en rapport avec celle-ci."

TABLE DES MATIÈRES

Introduction	v
VOTRE BONUS GRATUIT	vii
1. C'est bien beau tout ça, mais à quoi peut servir ChatGPT ?	1
2. Démarrer avec ChatGPT	5
3. Voici quelques conseils pour utiliser efficacement ChatGPT	11
4. Découvrez une croissance fulgurante de la productivité avec ChatGPT	17
5. Utilisez le ChatGPT pour créer des flux de revenus passifs qui ne cessent d'augmenter	51
6. Devenez un free-lance surhumain avec ChatGPT	86
7. Exemples de « agir en tant que » - Mes préférés	96
8. Limites	106
9. Conclusion	108
10. Merci	110

INTRODUCTION

À l'heure où j'écris ces lignes, ChatGPT est déjà la plateforme technologique qui connaît la croissance la plus rapide de tous les temps, elle **a atteint un million d'utilisateurs en seulement CINQ jours !** À titre de comparaison, cela a pris 3 ans à Netflix, 2 ans à Twitter, 10 mois à Facebook et 2,5 mois à Instagram.

Mise à jour en mars 2023, c'est maintenant la plateforme la plus rapide à atteindre les **100 millions d'utilisateurs** !

Je pense que ChatGPT va être révolutionnaire et je voulais que cette introduction vous fasse sentir, vous, Cher Lecteur, aussi enthousiaste que moi. J'ai donc décidé d'utiliser ChatGPT pour m'aider. Je lui ai demandé de créer une introduction pour ce livre, dans le style de **Steve Jobs** et voici ce qu'il a produit, après quelques modifications.

« Bienvenue dans le monde révolutionnaire de **ChatGPT, un**

INTRODUCTION

puissant modèle linguistique qui a le potentiel de transformer la façon dont vous gagnez de l'argent.

Ce livre est un guide permettant de libérer le véritable potentiel de ChatGPT, vous montrant comment exploiter ses capacités avancées, pour générer des revenus et développer votre activité.

Avec ChatGPT, vous pouvez automatiser les tâches fastidieuses, rationaliser les flux de travail et créer de nouvelles sources de revenus. **Ce n'est pas seulement un outil, c'est un compagnon qui peut vous aider à atteindre la réussite financière. »**

De la création d'un contenu attrayant à la génération d'un code complexe, en passant par le service client et la réalisation de recherches, les possibilités sont infinies. **Ce livre vous apprendra à utiliser ChatGPT pour créer de nouvelles opportunités, gagner du temps et améliorer vos résultats.**

Ce livre ne s'adresse pas seulement aux entrepreneurs et aux propriétaires d'entreprises, mais aussi à tous ceux qui cherchent à monétiser leurs compétences et leurs talents grâce à ChatGPT.

En tant que free-lance, spécialiste du marketing numérique ou créateur de contenu, vous apprendrez à utiliser ChatGPT pour améliorer votre productivité et vos revenus.

Ainsi, que vous cherchiez à créer une entreprise, à développer une entreprise existante ou simplement à augmenter vos revenus, ce livre est fait pour vous.

Laissez ChatGPT être votre guide vers la réussite financière et

VOTRE BONUS GRATUIT

Pour vous remercier de votre achat, j'aimerais vous offrir en guise de bonus gratuit les...

Instructions ChatGPT

Vous aurez accès à **plus de 150 invites et demandes puissantes « Agir en tant que »**, ainsi qu'à toutes les invites et demandes à ChatGPT présentées dans ce livre, dans un fichier PDF pratique, afin que vous puissiez vous y référer sans avoir à parcourir tout le livre.

Cliquez ici pour télécharger Votre Bonus GRATUIT.

https://retiredecadesearly.com/frbonus

1
C'EST BIEN BEAU TOUT ÇA, MAIS À QUOI PEUT SERVIR CHATGPT ?

Générer des prospects et rédiger des e-mails de prospection à froid

COMBIEN DE FOIS avez-vous commencé par un e-mail ou un message direct vierge, vous demandant comment atteindre un client potentiel à froid ?

ChatGPT peut instantanément générer des e-mails ou des messages, pour n'importe quelle situation donnée et vous permettre d'atteindre plus de clients potentiels plus rapidement.

Améliorer la visibilité en ligne

De nos jours, tout le monde **doit** avoir une présence en ligne, mais c'est une tâche qui prend du temps... Beaucoup de temps ! Les plateformes de médias sociaux contiennent différents types de contenu qu'il faut y poster, mais nous ne pouvons pas simplement copier et coller un article de LinkedIn sur Twitter. C'est pourquoi, certaines entreprises paient des milliers de dollars par mois pour rémunérer des gestionnaires de médias sociaux spécialisés.

ChatGPT peut créer instantanément le contenu de vos médias sociaux afin que vous puissiez atteindre plus de clients potentiels tout en économisant de l'argent et du temps.

ChatGPT est particulièrement puissant lorsque vous souhaitez diffuser votre contenu sur plusieurs plateformes de médias sociaux, car il vous permet de réutiliser le contenu instantanément et... d'une plateforme à l'autre ! Nous reviendrons en détail sur ce point dans le **chapitre 4**.

Créer des liens durables avec ses clients

Avez-vous déjà engagé un freelance qui a mis une éternité à terminer votre travail, qui a demandé de nombreuses clarifications et qui, de plus, a mis des heures à vous répondre ? Même si la qualité de la livraison est excellente, vous ne faites plus jamais appel à lui si vous avez une tâche urgente, n'est-ce-pas ?

Imaginez maintenant qu'en utilisant ChatGPT, vous puissiez générer le même travail de qualité à une vitesse **DIX FOIS** supérieure à celle de vos concurrents, les clients reviendront vers vous encore et encore !

Créer de nouvelles sources de revenus

En tant que propriétaire d'entreprise ou entrepreneur, vous avez toujours beaucoup de choses à faire. Vous pouvez vouloir lancer un blog, créer un nouveau produit ou simplement construire ou bien mettre à jour votre site Web, mais ces choses prennent du temps et de l'argent, aussi, il arrive un moment où vous ne pouvez plus les faire vous-même.

ChatGPT peut vous aider à créer de nouveaux produits ou de

nouvelles fonctionnalités que vous pensiez impossibles en raison du temps ou du type de compétences nécessaires, mais désormais vous pouvez faire ces choses vous-même et à un rythme beaucoup plus rapide.

Si vous cherchez à créer des flux de revenus passifs, **un chapitre entier, le 5, y est consacré**.

Déterminer la meilleure structure de prix

Une fois que vous avez créé un produit, vous voulez évidemment vous assurer que vous obtenez le maximum de profit possible, mais vous ne voulez pas non plus vous aliéner des clients potentiels.

Les gens passent beaucoup de temps à essayer… Mais il y a beaucoup d'éléments à prendre en compte : le type de produit, les données démographiques, les canaux de distribution, les concurrents et le budget.

ChatGPT peut fournir des informations sur les stratégies de prix, les habitudes d'achat des consommateurs et des conseils pour ajuster les prix, afin d'obtenir des résultats optimaux. Comme ChatGPT est formé à partir d'informations provenant de milliers d'études, de livres et d'articles commerciaux, c'est comme s'il recevait en permanence les conseils d'un expert sur mesure.

Utiliser les nouveaux outils et technologies

De nouveaux outils et de nouvelles technologies apparaissent tous les jours. Quel que soit le type de travail que vous faites, il y en a beaucoup que vous ne connaissez pas forcément, mais qui pourraient vous faire gagner beaucoup de temps. Mais leur exploration est délicate. C'est vrai, tout le monde veut vous vendre son produit et en cherchant en ligne, il est presque impossible d'obtenir un résultat qui vous convient.

Tout ce que vous avez toujours voulu faire, mais que vous pensiez que cela prendrait trop de temps.

- Créer un blog, mais pas la patience d'écrire plusieurs articles chaque semaine ?

- Créer une chaîne YouTube, mais pas le temps de planifier vos scripts ?

- Apprendre à coder, enfin ?

- Apprendre une nouvelle langue ?

- Aider votre enfant à étudier ?

Toutes ces choses sont devenues beaucoup plus faciles et rapides à faire avec ChatGPT.

Alors commençons maintenant !

2

DÉMARRER AVEC CHATGPT

MAINTENANT QUE VOUS avez une bonne compréhension de ChatGPT et de son fonctionnement, il est temps de commencer à l'utiliser. Dans ce chapitre, nous nous concentrerons sur l'utilisation de ChatGPT, via votre navigateur et nous vous donnerons quelques conseils et bonnes pratiques pour optimiser son efficacité.

Étape 1 - Ouvrir un compte OpenAI

La première étape pour démarrer avec ChatGPT sur https://chat.openai.com est de s'inscrire pour ouvrir un compte OpenAI. Cela vous permettra d'accéder à ChatGPT et à d'autres modèles de langage OpenAI via le site web.

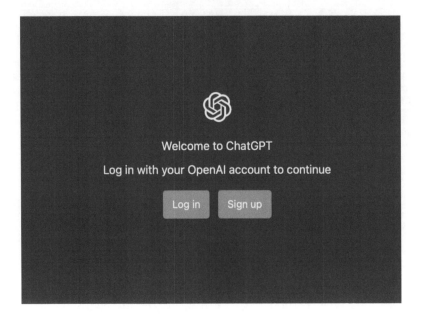

Pour créer un compte, il suffit de visiter le site Web d'OpenAI et de cliquer sur le bouton « Sign Up » de la page, puis de créer un compte. Vous devrez fournir quelques informations de base, telles que votre nom et votre adresse électronique, et accepter les conditions de service. Une fois que vous aurez terminé le processus d'inscription, vous pourrez vous connecter avec votre nouveau compte.

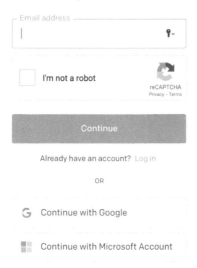

Étape 2 - Explorer le modèle ChatGPT

Une fois que vous vous serez connecté à chat.openai.com, vous pourrez explorer le modèle ChatGPT en tapant une invite ou une demande, dans le champ de saisie proposé et en cliquant sur le bouton « Envoyer ». ChatGPT générera alors une réponse basée sur votre demande.

Vous pouvez expérimenter avec différentes demandes et divers paramètres, afin de voir comment ChatGPT réagit. Par exemple, vous pouvez essayer de spécifier différentes longueurs et tonalités pour voir comment cela affecte le caractère aléatoire et la créativité du texte généré.

Étape 3 - En préalable, <u>optionnel</u>, choisissez votre modèle GPT, parmi les comptes payants.

Lorsque vous vous inscrivez à ChatGPT, vous avez l'option de passer à "ChatGPT Plus". Cela coûte 20 $USD par mois. L'un des principaux avantages est que vous pouvez alors utiliser ChatGPT même si la version gratuite de ChatGPT est à pleine capacité ou saturation.

Si vous payez pour ChatGPT Plus, vous remarquerez quelque chose de nouveau avec la sortie de GPT-4. En haut de la page, vous verrez un menu déroulant dans lequel vous pourrez choisir parmi différents modèles. Pour obtenir les meilleurs résultats, il est conseillé de choisir le GPT-4, tout en sachant qu'il sera un peu plus lent et qu'il dispose d'une limite de messages, actuellement 25 messages par série de 3 heures.

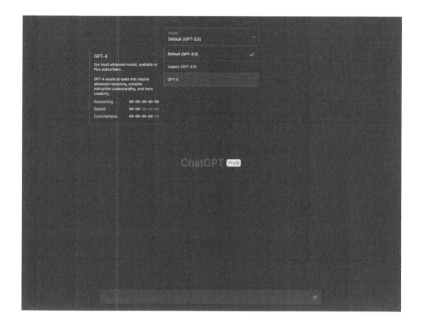

Étape 4 - ChatGPT en action

L'image ci-dessous me montre en train de poser la question : « Dites-moi sept faits intéressants sur vous »

Voici l'écran de ChatGPT, si vous ne l'avez pas encore fait, allez sur chat.openai.com et jouez avec.

Commencez par un simple « Bonjour », posez-lui des questions, demandez-lui de coder des trucs, de traduire ou d'analyser des trucs, de générer des résumés de livres et des recommandations de livres. Demandez-lui ce qu'il faut demander à ChatGPT lui-même !

3

VOICI QUELQUES CONSEILS POUR UTILISER EFFICACEMENT CHATGPT

Fixer un objectif clair et être précis dans ce que vous demandez

C'EST PROBABLEMENT la partie la plus importante que vous devez apprendre pour vous assurer que les réponses que vous obtenez de ChatGPT sont exactement ce dont vous avez besoin... Cela vous demandera un peu de pratique Lorsque vous demandez quelque chose à ChatGPT, cela s'appelle une

DEMANDE, une sorte d'invitation, "**Invite**" en anglais.

Je prends un exemple. Disons que vous planifiez une excursion d'une journée à Londres, et que vous voulez faire du tourisme, vous pouvez utiliser...

DEMANDE : Je vais faire une excursion d'une journée à Londres. Donnez-moi quelques endroits à visiter pour faire du tourisme.

Réponse de ChatGPT :

Absolument ! Londres est une ville magnifique avec beaucoup

d'endroits à voir. Voici quelques suggestions pour votre excursion d'une journée :

1. Le British Museum
2. La Tour de Londres
3. Les Chambres du Parlement et Big Ben
4. Le palais de Buckingham
5. Le London Eye
6. Trafalgar Square
7. Cathédrale Saint-Paul

Remarque : ChatGPT a également donné deux lignes de description pour chacune de ces attractions, mais je les ai supprimées ici pour rester bref.

Comme vous pouvez le voir, j'ai obtenu une réponse très standard et touristique, mais si vous êtes déjà allé à Londres, ou bien, si vous ne voulez pas aller dans des endroits bondés et déjà connus, vous pouvez demander :

DEMANDE : Parlez-moi plutôt d'endroits moins connus mais tout de même intéressants.

Réponse de ChatGPT :

Bien sûr, voici quelques endroits moins connus mais tout de même intéressants à visiter lors de votre excursion d'une journée à Londres :

1. Leadenhall Market
2. Musée Sir John Soane

3. Musée de l'ancien théâtre d'opération

4. Cimetière de Highgate

5. Le musée Hunterian

6. Maison de Dennis Severs

7. Le Grant Museum of Zoology

J'espère que ces suggestions vous aideront à découvrir quelques joyaux cachés à Londres !

Maintenant, la liste est totalement différente, mais il y a trois musées sur la liste, et je ne suis pas un grand fan, alors j'ai demandé :

DEMANDE : Je ne suis pas un grand fan des musées

Réponse de ChatGPT : Pas de problème, il y a encore beaucoup d'endroits intéressants à visiter à Londres qui n'impliquent pas de musées ! Voici quelques idées :

1. Le marché de Camden

2. Brick Lane

3. Greenwich

4. Notting Hill

5. La rive sud

6. Le Sky Garden

7. La Petite Venise

Deux choses importantes à noter ici.

Premièrement, les résultats ont complètement changé en fonction de la façon dont la question a été posée, et ChatGPT a appris davantage sur ce que je voulais avec chaque nouvelle invite. Lui dire que je n'aimais pas trop les musées l'a fait changer toute la liste, plutôt que de simplement remplacer les musées.

Les résultats auraient été différents si j'avais écrit "J'aime les pièces de théâtre" ou bien "J'aime faire du shopping", en plus de l'invite initiale.

Deuxièmement, je n'ai pas eu à reformuler la question à chaque fois. Le système a tout simplement compris que nous parlions toujours de visites touristiques à Londres.

C'est ce qui rend ChatGPT si puissant !

Expérimentez

N'ayez pas peur de tester différents messages et paramètres. Nous ne pouvons jamais savoir, vous pourriez trouver une nouvelle façon de générer du contenu à laquelle vous n'aviez jamais pensé auparavant. Lorsque vous créez du contenu, vous pouvez demander **« Rédigez ceci sur un ton spirituel, drôle et engageant ».** Ou bien, vous pouvez même demander de faire référence à des styles de **personnes,** tel que **« Rédigez l'introduction de ce podcast dans le style de Joe Rogan ».**

Le hack « Agir en tant que »

C'est LA technique ultime pour obtenir du contenu unique, personnalisé et utile de ChatGPT, dans le cas de situations très spécifiques, en copiant et collant le texte en italique, vous pouvez essayer cet exemple ci-dessous :

Demande - « *Je veux que vous agissiez comme un romancier. Vous devrez inventer des histoires créatives et captivantes, qui pourront captiver les lecteurs pendant de longues périodes. Vous pouvez choisir n'importe quel genre, comme le fantastique, la romance, la fiction historique, etc., mais l'objectif est d'écrire quelque chose qui présente une intrigue remarquable, des personnages attachants et des points culminants inattendus. Ma première demande est la suivante :* « *Je dois écrire un roman de science-fiction qui se déroule dans le futur.* »

Le chapitre 7 contient une liste de mes *incitations* préférées à « Agir en tant que ».

Régénérer la réponse

Lorsque vous recevez une réponse de ChatGPT, mais qu'elle ne vous satisfait pas, vous pouvez cliquer sur la case « Régénérer la réponse ». Cela supprimera la réponse existante et en créera une nouvelle.

Obtenir plusieurs réponses à la même requête.

Ceci est particulièrement utile si vous voulez choisir des sujets d'emails ou des titres de vidéos/blogs, vous avez peu de chances de recevoir une réponse qui vous plaise du premier coup, vous pouvez donc demander à ChatGPT de générer cinq, dix ou même vingt réponses en une seule fois.

Exemple : Veuillez générer dix titres d'articles de blog engageants pour un article sur les nouvelles fonctionnalités du dernier iPhone.

Affiner et éditer

Si ChatGPT est un excellent outil pour générer du contenu de haute qualité, il ne remplace pas l'édition humaine. Prenez le temps de relire, réviser et d'affiner le texte généré, afin de vous assurer qu'il est exempt d'erreurs et qu'il répond aux besoins de votre entreprise. Vous pouvez même saisir un texte existant, qu'il s'agisse d'un blog, d'un chapitre de livre ou d'un e-mail, et demander à ChatGPT de vous proposer des suggestions pour l'améliorer. Il le fera ! Vous pouvez également vous concentrer sur des éléments tels que la clarté, la lisibilité et le ton.

Par exemple, veuillez fournir des suggestions pour améliorer la lisibilité et rendre cet e-mail plus professionnel.

Utilisez le chapitre 7

Pour une liste de mes messages préférés « Agir en tant que », générés par les utilisateurs de ChatGPT, pour toute une variété de situations.

En gardant ces conseils à l'esprit et en expérimentant, vous pouvez exploiter tout le potentiel de ChatGPT pour créer un contenu qui trouve un véritable écho auprès de votre public et qui est source de succès pour vous.

4
DÉCOUVREZ UNE CROISSANCE FULGURANTE DE LA PRODUCTIVITÉ AVEC CHATGPT

SI VOUS ÊTES UN ENTREPRENEUR, un free-lance, une startup ou même une petite entreprise, vous êtes souvent un homme-orchestre qui doit, soit apprendre à faire beaucoup de choses différentes, cc qui prend une éternité, soit externaliser le travail au fur et à mesure qu'il se présente. Cependant, ce qui fonctionne coûte cher et entraîne un manque de continuité. Si, par exemple, le même type de travail se présente à nouveau et que le free-lance auquel vous avez fait appel la dernière fois n'est pas disponible.

Avec ChatGPT, ces problèmes appartiennent, la plupart du temps, au passé, quelles que soient les compétences que vous souhaitez employer, copywriting, rédaction publicitaire, codage, création artistique, création de publicités, création de contenu de blog, écriture de livres, SEO ? Tout cela, et bien plus encore, peut être réalisé par ChatGPT ; il vous suffit d'utiliser le bon outil.

Cela réduira considérablement le temps que vous passez à vous préoccuper à ces aspects « banals » de votre entreprise et vous permettra de vous consacrer aux choses importantes sur lesquelles vous devez vous concentrer.

Pour certains exemples, je montrerai les réponses complètes de ChatGPT afin de montrer à quel point le résultat peut changer en fonction de la demande.

Courriels de prospection à froid

Combien de temps vous faut-il pour rédiger le parfait e-mail de prospection à froid ? Avez-vous déjà passé des heures à chercher un modèle d'e-mail parfait, adapté à votre situation et à votre secteur d'activité, sans y parvenir ?

Vous devez ensuite l'écrire vous-même et vous devez le faire comme ceci :

- Soyez clair et concis. Allez rapidement à l'essentiel et expliquez la valeur de ce que vous avez à offrir et pourquoi cela serait bénéfique pour votre client potentiel.

- Rendez-le scannable. Utilisez des titres, des puces et des paragraphes courts pour faciliter la lecture de cet e-mail.

- Ajoutez de la crédibilité. Fournissez toutes les références nécessaires et les statistiques qui peuvent être utilisées, afin de soutenir efficacement votre offre ou votre idée.

- Présentez un « appel à action » clair. Soyez direct et précis dans ce que vous souhaitez que le destinataire fasse, qu'il s'agisse d'organiser un appel, de l'inciter à visiter un site Web ou à essayer un produit.

- Relisez et éditez. Vérifiez soigneusement la grammaire, la ponctuation et les fautes de frappe de votre message.

- Ajoutez une ligne d'objet qui soit claire. Assurez-vous que la ligne d'objet attire l'attention, qu'elle est spécifique et qu'elle indique l'objectif de cet e-mail.

. . .

Mais aujourd'hui, prendre un temps fou pour rédiger minutieusement un courriel appartient au passé.

Si vous êtes une agence immobilière et que vous souhaitez envoyer un courriel à un client potentiel, il vous suffit de le demander.

Exemple : E-mails de prospection à froid pour votre entreprise (par exemple, une agence immobilière).

Demande - Rédigez un courriel de prospection pour *mon agence immobilière à l'attention d'un propriétaire potentiel.*

Réponse de ChatGPT :

Cher [propriétaire potentiel],

J'espère que ce courriel vous trouvera en bonne santé. Je m'appelle [Votre nom] et je suis le propriétaire de [Agence immobilière]. Je voulais prendre un moment pour me présenter et vous présenter notre agence.

Chez [Agence immobilière], nous sommes fiers d'être une agence moderne et avant-gardiste qui accorde la priorité aux besoins de ses clients. Notre équipe se consacre à aider les propriétaires comme vous à trouver les locataires parfaits pour leurs propriétés et à fournir un service de premier ordre tout au long du processus.

Nous possédons une grande expérience dans le secteur et un historique de locations réussies. Nous pensons qu'une communication claire et une attention particulière aux détails sont essentielles pour établir des relations solides entre propriétaires et locataires et garantir un processus de location sans heurts.

Si vous souhaitez en savoir plus sur la façon dont nous pouvons travailler ensemble, nous serions ravis de prendre rendez-vous pour discuter de vos besoins spécifiques et répondre à toutes vos questions.

Merci de considérer [Agence immobilière] pour vos besoins de location. Je me réjouis de pouvoir travailler avec vous.

Meilleures salutations,

[Votre nom]

Vous pouvez y apporter quelques modifications, mais si vous ne savez pas exactement quoi écrire, c'est un excellent point de départ.

Je vais maintenant vous donner un autre exemple d'e-mail de prospection à froid, pour vous montrer à quel point il est facile de modifier légèrement la demande et de la rendre pertinente pour un autre type d'entreprise.

Exemple : E-mails de prospection à froid pour votre entreprise (par exemple, une société de conseil en change)

Un de mes amis est propriétaire d'une société de conseil en opérations de change, et il avait du mal à trouver des modèles d'e-mails appropriés pour sa prospection à froid. Il a passé des heures à essayer d'en trouver, en vain. Il n'a pas réussi à en trouver un qui soit à la fois personnalisable et approprié. Lorsque nous en avons parlé, je venais juste de découvrir ChatGPT et grâce à lui, j'ai pu l'aider à en créer un en moins d'une minute.

Demande - Rédigez un courriel **professionnel d'**approche à froid pour une société de *conseil en devises étrangères* à l'attention d'un client potentiel.

Réponse de ChatGPT :

Objet : Assurez la réussite financière de votre entreprise grâce à l'expertise en matière de change de [Nom de l'entreprise].

Cher [client],

Je m'appelle [Votre nom] et je suis le fondateur de [Votre société], une société de conseil en matière de change.

Je voulais vous contacter car je pense que nous pouvons aider votre entreprise à naviguer dans le monde souvent volatile et complexe des devises étrangères. Comme vous le savez peut-être, de petites fluctuations dans les taux de change peuvent avoir un impact important sur les résultats de toute entreprise, en particulier celles qui opèrent à l'échelle internationale.

Chez [votre société], nous proposons une gamme de services conçus pour aider nos clients à gérer leur risque de change et à tirer parti des opportunités qui se présentent. Ces services comprennent, entre autres, l'analyse du marché, la couverture des risques de change et l'exécution des transactions.

J'aimerais avoir l'occasion de discuter plus en détail de la manière dont nous pouvons aider votre entreprise. Pourrions-nous fixer un rendez-vous à un moment qui vous convienne pour en discuter plus avant ?

Merci de considérer nos services. J'ai hâte de vous parler bientôt.

Meilleures salutations,

[Votre nom]

C'est correct, surtout si vous avez peiné sur vos précédents essais, mais nous pouvons l'améliorer.

Exemple : Rendez-le plus attrayant et plus personnel

Demande - Rendez l'e-mail plus attrayant et plus personnel

Réponse de ChatGPT :

Sujet : Découvrez l'avantage en matière de change dont votre entreprise a besoin avec [Nom de la société].

Cher [nom du destinataire],

J'espère que cet e-mail vous trouvera en bonne santé et que votre entreprise est florissante. Je m'appelle [Votre nom] et, en tant que fondateur de [Nom de l'entreprise], une société de conseil en change de premier plan, je ne sais que trop bien comment le marché mondial des devises peut faire ou défaire une entreprise.

C'est pourquoi je tiens à vous contacter personnellement aujourd'hui et à vous offrir l'expertise de mon équipe pour vous aider à naviguer dans le monde en constante évolution du change et à positionner votre entreprise sur la voie du succès.

Chez [Nom de l'entreprise], nous sommes spécialisés dans l'aide aux entreprises comme la vôtre pour identifier les opportunités et gérer le risque de change. Notre équipe d'experts s'efforce de fournir à nos clients des analyses de marché approfondies, des stratégies de gestion des risques personnalisées et des informations sur le trading en temps réel, afin que vous ayez toujours une longueur d'avance.

J'aimerais avoir l'occasion de discuter plus en profondeur avec vous de vos besoins spécifiques en matière de change et de la manière dont nous pouvons vous aider à atteindre vos objectifs financiers. Planifions un appel rapide la semaine prochaine pour en discuter davantage.

Je vous remercie pour votre temps et j'espère avoir de vos nouvelles bientôt.

Meilleures salutations,

[Votre nom]

PS : J'aimerais également partager avec vous certains de nos récents témoignages de clients, si cela vous intéresse.

Cette version de l'e-mail a un ton plus personnel et plus engageant. Nous sentons un véritable intérêt pour les affaires et le bien-être du destinataire, et ChatGPT utilise des pronoms personnels pour s'adresser directement à lui. L'e-mail se termine également par un PS amical, ce qui permet au rédacteur d'être moins formel et de montrer un côté plus amical de l'entreprise.

Comme vous pouvez l'imaginer, cela fonctionne avec n'importe quel type d'entreprise, vous pouvez modifier la demande pour obtenir une réponse différente, et vous pouvez modifier les paramètres pour la rendre plus drôle ou plus engageante, lui donner un trait de personnalité qui, selon vous, serait plus susceptible d'obtenir une réponse. Vous pouvez même utiliser différents **styles d'auteur**.

Exemple : Rédigez un courriel d'approche à froid dans le style d'Elon Musk.

Demande - Réécrivez cet e-mail d'approche à froid dans le style d'Elon Musk.

Réponse de ChatGPT :

Il est important de noter que la façon dont Elon Musk communique, notamment dans les e-mails d'approche à froid, peut ne pas correspondre à un ton professionnel ou formel et, dans certains cas, ne pas être l'approche la plus appropriée. De plus, le contenu, le style et le ton de cet e-mail dépendent du public auquel il est destiné. En gardant cela à l'esprit, voici une version possible :

Sujet : Révolutionner le marché des changes avec [Nom de la société].

Yo [Nom du destinataire],

C'est [Votre nom], le fondateur de [Nom de la société], l'avenir du conseil en change.

Je parie que vous en avez assez des cabinets traditionnels qui ne sont pas équipés pour faire face à l'évolution rapide du marché. Laissez-moi vous dire que nous sommes différents. Notre métier ne consiste pas seulement à gérer le risque de change, mais aussi à créer des opportunités, et nous le faisons très bien.

Notre équipe d'experts s'attache à fournir à nos clients des analyses de marché approfondies, des stratégies de gestion des risques personnalisées et des informations sur le trading en temps réel qui vous donneront des années d'avance sur la concurrence.

Nous sommes le genre d'entreprise qui n'a pas peur de penser différemment et d'aller à l'encontre du statu quo.

Nous vous invitons à faire l'expérience d'une consultation gratuite avec l'un de nos conseillers, et je vous garantis que vous verrez la différence. Planifions un appel, et changeons la donne.

Regards,

[Votre nom]

Exemple : Courriels du service clientèle et création de modèles

Vous pouvez l'utiliser comme un outil en direct pour répondre aux e-mails, mais aussi pour créer des modèles que votre service clientèle peut utiliser pour un type de demande spécifique. Je vais donner ci-dessous l'exemple d'un utilisateur qui demande un remboursement mais qui va à l'encontre de la politique de votre magasin.

Demande - Écrivez un courriel poli mais ferme à un client qui demande un remboursement, mais la politique de l'entreprise est de ne pas rembourser.

Réponse de ChatGPT :

Cher [client],

Nous vous remercions de votre courriel concernant votre récent achat auprès de notre société. Nous vous prions de bien vouloir nous excuser pour toute insatisfaction que vous avez pu ressentir lors de votre achat.

Après avoir examiné la politique de notre entreprise, j'ai le regret de vous informer que nous ne sommes pas en mesure de procéder au remboursement de votre achat.

Notre politique stipule que nous n'offrons pas de remboursement pour quelque raison que ce soit.

Nous comprenons que ce n'est peut-être pas le résultat que vous espériez, et nous nous excusons pour tout inconvénient que cela peut causer.

Si vous avez d'autres préoccupations ou questions, n'hésitez pas à nous contacter.

Merci de votre compréhension.

Sincèrement,

[Votre nom]

Articles de blog

Disons que vous souhaitez rédiger un article de blog attrayant pour votre public, mais la création d'un article de blog de haute qualité est un travail difficile qui prend beaucoup de temps, pour coordonner tout ceci...

- Choisissez un sujet qui soit à la fois intéressant et pertinent pour votre public cible.

- Effectuez des recherches approfondies sur le sujet choisi en utilisant des sources fiables.

- Organisez les informations que vous avez recueillies en une structure logique, en utilisant des titres, des sous-titres, des puces et des listes numérotées.

- Rédigez une introduction claire et convaincante, en utilisant un ton engageant et conversationnel.

- Révisez et corrigez les fautes de grammaire, d'orthographe et de clarté, et veillez à citer correctement les sources.

- Optimisez vos articles pour les moteurs de recherche en utilisant des mots clés et des méta-descriptions.

- Publiez le message, partagez-le sur les médias sociaux et d'autres plates-formes, et encouragez les commentaires et les réactions pour créer un engagement avec le public.

Mais une grande partie de ce travail peut maintenant être fait pour vous, en cliquant sur un bouton.

Exemple : Idées pour un article de blog dans votre niche en utilisant des mots-clés qui ont un volume de recherche élevé mais une faible concurrence.

Demande - Donnez-moi cinq idées d'articles de blog pour des mots-clés à fort volume de recherche et à faible concurrence pour les drones.

Réponse de ChatGPT :

Voici cinq idées d'articles de blog pour des mots-clés à fort volume de recherche et à faible concurrence liés aux drones :

- Le guide du débutant pour piloter des drones. Conseils et astuces pour les pilotes débutants.

- Les 10 drones les plus abordables pour capturer des photos et des vidéos aériennes époustouflantes.

- Comment choisir le meilleur drone pour vos besoins. Un guide d'achat complet.

- Les aspects juridiques du vol de drone. Comprendre les règlements de la FAA et les meilleures pratiques.

- De la course à la cartographie. Les façons surprenantes dont les drones sont utilisés dans les industries d'aujourd'hui.

Exemple : Rédiger le plan d'un article de blog

Supposons que vous ayez aimé le numéro quatre et que vous souhaitiez écrire un article. Voici ce qu'il faut faire. Vous pouvez demander à ChatGPT de créer un plan, que vous pourrez utiliser plus tard pour générer l'ensemble du blog, ce que je vous montrerai dans l'exemple suivant.

Demande - Rédigez le plan de sept paragraphes d'un article de blog intitulé « Les aspects juridiques du vol de drone. Comprendre les règlements de la FAA et les meilleures pratiques ».

Réponse de ChatGPT :

I. Introduction

- Définition des drones et de leur popularité croissante

- Importance de comprendre et de respecter les réglementations de la FAA en matière de vol de drones.

II. Aperçu de la réglementation de la FAA concernant les drones

- Règle sur les petits UAS (partie 107)

- Conditions d'enregistrement

- Directives de sécurité

III. Utilisation d'un drone à des fins de loisirs ou de détente

- Lignes directrices pour le pilotage de drones à des fins de loisirs ou de détente

- Responsabilité des pilotes de drones amateurs

IV. Exploitation d'un drone à des fins commerciales

- Conditions d'obtention d'un certificat de télépilote

- Règles d'exploitation pour les pilotes de drones commerciaux

V. Considérations relatives au respect de la vie privée dans le cadre des vols de drones

- Directives de la FAA sur la protection de la vie privée

- Lois nationales et locales sur la confidentialité des drones

VI. Faire voler des drones près des aéroports et des avions

- Directives de la FAA sur le vol des drones à proximité des aéroports et des avions.

- Conséquences potentielles de la violation de ces directives

VII. Considérations en matière d'assurance pour les pilotes de drones

- Types d'assurances disponibles pour les opérateurs de drones

- Importance de l'assurance en matière de responsabilité civile

---

Exemple : Rédiger un article de blog

Maintenant, en utilisant le plan du blog ci-dessus, nous pouvons demander à ChatGPT de générer un article de blog complet. Il est important de structurer le blog de cette manière, plutôt que de lui demander de le créer en une seule fois, car vous pouvez alors facilement le restructurer comme vous le souhaitez et permettre à l'IA de former une structure plus cohérente.

Demande - Utilisez le plan ci-dessus pour créer un article de blog détaillé et approfondi avec un référencement déjà appliqué.

Réponse de ChatGPT :

Les aspects juridiques du vol de drone. Comprendre les réglementations et les meilleures pratiques de la FAA.

Les drones sont devenus de plus en plus populaires ces dernières années à des fins diverses, qu'il s'agisse de capturer des images aériennes pour la réalisation de films ou d'effectuer des inspections pour les entreprises de construction. Mais l'augmentation de l'utilisation des drones s'accompagne d'un besoin de réglementation pour garantir la sécurité et la conformité.

Dans cet article de blog, nous allons nous pencher sur les aspects juridiques du vol de drones, en nous concentrant sur les réglementations établies par la Federal Aviation Administration (FAA) et sur les meilleures pratiques pour faire voler des drones en toute sécurité et légalité.

Comprendre la réglementation de la FAA pour les drones

La FAA est responsable de la régulation de l'espace aérien aux États-Unis et a donc mis en place une réglementation spécifique pour les drones. Ces réglementations comprennent des règles d'enregistrement, des restrictions de vol et des directives d'exploitation.

(N.B. *Je n'ai pas inclus l'ensemble du blog ici car cela prendrait trop de place*)

Il s'agit d'un document factuellement correct mais un peu sec, j'ai donc décidé de le relancer une fois qu'il serait terminé :

Demande - S'il vous plaît, faites-le plus drôle et rendez le ton informel.

Réponse de ChatGPT :

« Vous êtes prêt à vous envoler comme un oiseau et à prendre des photos aériennes vraiment cool ? Ou peut-être envisagez-vous de créer votre propre entreprise de livraison de pizzas par drone ou d'inspection d'éoliennes.

Quels que soient vos rêves de vol en drone, il y a une chose que vous devez absolument faire avant de prendre votre envol... Apprenez les aspects juridiques. Car, avouons-le, se retrouver dans l'eau chaude avec les fédéraux n'est pas exactement la façon la plus exaltante de voler.

Tout d'abord, l'Administration fédérale de l'aviation (FAA) est le grand patron de la réglementation des drones aux États-Unis. Elle dispose d'un ensemble de règles et de réglementations que vous devez connaître avant de commencer à voler comme une mouche sous stéroïdes. Il s'agit notamment des exigences d'enregistrement, des restrictions de vol et des directives d'exploitation. Il est important de se familiariser avec ces réglementations, sinon vous risquez de vous retrouver avec une lourde amende, ou pire, en prison.

J'ai coupé le reste du blog, mais vous pouvez voir que c'est beaucoup plus lisible, vous pouvez voir qu'il a perdu le formatage SEO, mais c'est assez simple, pour donner une autre demande, pour dire « S'il vous plaît ajouter les titres et le formatage SEO à cela » et il le fera.

(Vous pouvez voir l'idée de base, vous pouvez changer l'invite et l'utiliser pour créer un blog sur n'importe quel sujet ! Si vous avez besoin de plus de détails ou si le script généré n'est pas assez long, vous pouvez simplement taper « Veuillez le réécrire pour qu'il soit plus long et plus détaillé sur [sujet] »).

Script de YouTube ou d'un Podcast

Si vous avez déjà créé une vidéo YouTube ou un Podcast, vous connaissez la quantité de travail que cela représente avant même de commencer à enregistrer, il vous faut :

- Rédiger une introduction convaincante pour accrocher le spectateur.

- Organiser le script en une structure logique avec des titres et des sous-titres.

- Utiliser un langage simple et facile à comprendre.

- Créer un appel à l'action à la fin de la vidéo pour s'abonner à votre chaîne.

- Répéter, modifier et optimiser le script pour le référencement.

- Respectez le ton, le langage et le message de votre chaîne.

- Vous assurer d'avoir un message clair qui résonne avec votre public cible.

Exemple : Créer un script pour une vidéo YouTube ou votre podcast

Imaginons maintenant que vous essayez de renforcer votre présence sur les médias sociaux et que vous souhaitez utiliser l'article de blog que vous avez créé pour en faire une vidéo ou un podcast.

Vous pouvez utiliser le contenu déjà existant que vous avez généré pour un plan de blog et le transformer en un script que vous pouvez ensuite lire à haute voix !

Demande - En utilisant les grandes lignes du blog ci-dessus pour « Les aspects juridiques du vol de drone. Comprendre les réglementations et les meilleures pratiques de la FAA », veuillez créer un script de vidéo YouTube détaillé et engageant, étape par étape.

Réponse de ChatGPT :

« Bonjour et bienvenue sur notre chaîne ! Si vous êtes intéressé par l'exploitation d'un drone, il est important de comprendre les aspects juridiques et les meilleures pratiques pour le faire. C'est ce dont nous allons parler dans la vidéo d'aujourd'hui.

Tout d'abord, commençons par les bases de la réglementation de la FAA. Aux États-Unis, la Federal Aviation Administration est responsable de la réglementation des drones. Si votre drone pèse plus de 250 grammes ou 0,55 livre, il doit être enregistré auprès de la FAA. Cela inclut le poids du drone lui-même, ainsi que toute charge utile ou équipement supplémentaire.

(N.B. *Je n'ai pas mis le script complet ici, vous pouvez changer l'invite et l'utiliser pour créer un script vidéo pour n'importe quel sujet ! Si vous avez besoin de plus de détails ou si le script généré n'est pas assez long, vous pouvez simplement taper « veuillez le réécrire pour qu'il soit plus long et plus détaillé sur [sujet] »).*

Marketing des médias sociaux

À notre époque, le marketing des médias sociaux est une nécessité pour tout entrepreneur ou propriétaire d'entreprise.

Que vous gériez votre marketing des médias sociaux ou que vous travailliez dans une agence, la concurrence est rude.

Ce ne sont là que quelques-uns des défis que vous devez relever, entre autres...

- Se tenir informé de tous les changements d'algorithmes sur les plateformes de médias sociaux peut être un véritable casse-tête. Vous ne savez jamais ce qui va marcher et ce qui ne marchera pas, alors vous devez être rapidement sur vos deux pieds et adapter vos stratégies.

- Il est indispensable de rester au fait des dernières tendances et innovations en matière de marketing des médias sociaux. Le domaine est en constante évolution et vous ne voulez pas prendre de retard.

- Il n'est pas facile de trouver un contenu attrayant qui trouve un écho auprès de votre public cible. Vous devez vous assurer qu'il peut être partagé, qu'il est conforme à la marque et qu'il atteint son but.

- Mesurer le retour sur investissement des campagnes de médias sociaux peut être un véritable défi. Il est difficile de chiffrer l'impact des médias sociaux sur les résultats d'une entreprise.

- Gérer les attentes des clients peut se révéler délicat. Ils peuvent avoir des attentes irréalistes ou ne pas comprendre pleinement les tenants et aboutissants du marketing des médias sociaux.

- Gérer une équipe peut être un véritable défi lorsque votre agence se développe. Les professionnels des médias sociaux peuvent être difficiles à gérer.

- L'équilibre entre créativité et stratégie est essentiel. Vous devez proposer un contenu créatif et attrayant qui soutient également les objectifs commerciaux du client.

- Respecter le budget tout en obtenant des résultats pour les clients peut être un véritable défi.

- Les commentaires négatifs et les critiques font partie du travail, mais ils peuvent être difficiles à gérer.

Par exemple, disons que vous dirigez une agence de marketing numérique et que vous êtes toujours à la recherche de contenu « frais » à partager avec vos clients.

En tirant parti de ChatGPT pour produire un contenu de qualité professionnelle, vous pouvez augmenter les conversions et stimuler les ventes pour vos clients et, en fin de compte, votre entreprise.

Nous allons examiner ici un moyen de créer rapidement du contenu pour plusieurs canaux de médias sociaux.

Exemple : Création d'une campagne de marketing complète

Vous voulez proposer une campagne publicitaire à un client, sur-le-champ. Il veut lancer une nouvelle boisson énergisante et veut une « esquisse » de ce à quoi ressemblerait la campagne et de ses coûts approximatifs.

Créons donc une campagne de marketing en utilisant l'invite « Agir en tant que ».

Demande - Je veux que vous agissiez comme une agence de publicité. Vous allez créer une campagne de marketing complète et détaillée pour promouvoir un produit ou un service de votre choix. Vous choisirez un public cible, développerez des messages clés et des slogans, sélectionnerez les canaux médiatiques de promotion et déciderez de toute activité supplémentaire nécessaire pour atteindre vos objectifs. Donnez des exemples du coût de la publicité dans chaque canal de médias sociaux, ainsi que la meilleure estimation des frais CPM et CPC. Ma première demande est la suivante : « J'ai besoin d'aide pour créer une campagne publicitaire pour un nouveau type de boisson énergisante ciblant les jeunes adultes âgés de 18 à 30 ans. »

Réponse de ChatGPT :

Campagne publicitaire pour une nouvelle boisson énergétique

Public cible : Jeunes adultes âgés de 18 à 30 ans

Messages clés :

- Un nouveau type de boisson énergétique qui offre une combinaison unique de caféine, de vitamines et d'ingrédients naturels.

- Conçu pour vous donner le regain d'énergie dont vous avez besoin sans vous épuiser.

- Parfait pour les jeunes adultes qui mènent une vie active.

- Slogan : « Alimentez votre énergie, alimentez votre vie ».

- Les canaux médiatiques :

- Médias sociaux (Instagram, Facebook et TikTok)

- Plateformes de streaming en ligne (YouTube, Twitch)

- Publicité extérieure (panneaux d'affichage, posters)

Estimation des coûts :

Publicité sur les médias sociaux :

- Instagram : 0,50-2,00 $ par clic, 5-15 CPM

- Facebook : 0,50-2,00 $ par clic, 5-15 CPM

- TikTok : 0,50-2,00 $ par clic, 5-15 CPM

Plateformes de streaming en ligne :

- YouTube : 0,10 à 0,30 $ par vue, 5 à 15 CPM

- Twitch : 0,10 à 0,30 $ par vue, 5 à 15 CPM

Publicité extérieure :

- Panneaux d'affichage : 2 000 à 20 000 dollars par mois.

- Affiches : 500 à 5 000 dollars par mois.

Activités :

- Partenariats de marketing d'influence avec des influenceurs populaires dans le domaine du fitness et du style de vie.

- Échantillons de produits lors d'événements de fitness et sur les campus universitaires.

- Concours et cadeaux interactifs sur les médias sociaux.

- Présentations et promotions en magasin

- Sponsoring d'équipes ou d'événements sportifs locaux. »

Il s'agit d'un bon point de départ, qui vous donne une vue d'ensemble des messages clés, des plateformes et des canaux à utiliser, des coûts approximatifs et des activités ainsi que des coûts, tout cela est très utile. Vous pouvez modifier l'invite pour demander des calendriers ainsi que des coûts pour d'autres canaux ou même lui demander d'allouer un budget en fonction du meilleur retour sur investissement.

Exemple : Post de média social - Instagram

Imaginons que votre client lance un service de boîte, par abonnement, qui propose chaque mois des produits écologiques et durables. Les produits inclus dans la boîte comprennent des pailles réutilisables, des emballages en cire d'abeille et des produits de nettoyage sans déchets.

Donc pour créer un post Instagram pour ce service :

Demande : En tant qu'agence de marketing, créez un post Instagram engageant pour le service de boîtes par abonnement.

Réponse de ChatGPT :

Passer à un mode de vie durable est désormais beaucoup plus facile ! Nous vous présentons notre service d'abonnement à une boîte écologique, proposant des produits éco-responsables soigneusement sélectionnés, livrés directement chez vous chaque mois. Des pailles réutilisables et des emballages en cire d'abeille aux produits de nettoyage zéro déchet, notre boîte est le moyen idéal pour découvrir de nouveaux produits durables et avoir un impact positif sur la planète.

Notre boîte ne se limite pas aux produits, elle offre une expérience de vie plus durable au quotidien et nous vous facilitons la transition. Que vous soyez un écologiste chevronné ou que vous commenciez tout juste votre parcours vers la durabilité, notre boîte d'abonnement est parfaite pour toute personne cherchant à effectuer un changement.

Vous n'avez plus besoin de vous inquiéter de faire des achats dans différents magasins ou de chercher des produits durables sur Internet. Abonnez-vous simplement, installez-vous confortablement, et laissez-nous nous occuper du reste.

Voulez-vous rejoindre la révolution éco-responsable ? Abonnez-vous maintenant et obtenez 25 % de réduction sur votre première boîte avec le code ‹ GO GREEN › ! #durabilité #éco-responsable #boîte d'abonnement

La publication peut inclure une série d'images ou de vidéos de produits propres et attrayants pour présenter les produits respectueux de l'environnement. Elle contient un appel à l'action clair et crée un sentiment d'urgence avec une offre à durée limitée. Les hashtags de la publication contribuent également à augmenter la visibilité auprès des publics intéressés par l'éco-responsabilité et la durabilité.

Normalement, une entreprise de ce type souhaite être présente sur toutes les plateformes de médias sociaux. Pour créer un message sur un média comme Twitter, il faut normalement partir de zéro, car le support est très différent et la limite de caractères est également un défi.

Mais maintenant vous pouvez simplement demander à ChatGPT de le faire pour vous. Exemple ci-dessous :

Exemple : Reproduction d'un message sur les médias sociaux - Twitter

Demande - Maintenant, en tant qu'agence de marketing, transformez ceci en un tweet attrayant.

Réponse de ChatGPT :

« Vous voulez avoir un impact sur la planète ? Abonnez-vous à notre boîte d'abonnement éco-responsable et découvrez des produits durables tous les mois ! #durabilité #écologique #boîte-dabonnement. Utilisez le code ‹ GO GREEN › pour bénéficier de 25 % de réduction sur votre première boîte ! 🌍🌿📦 #gogreen »

Le post de Twitter est plus court que celui d'Instagram, le message doit donc être concis et engageant. J'ai essayé de garder l'essence du message, en mettant en avant le principal avantage de la boîte d'abonnement et sa caractéristique écologique. J'ai également inclus un call-to-action pour s'abonner, une promotion et les hashtags pertinents pour augmenter la visibilité. Les emojis ajoutés sont engageants et créent un sentiment de connexion avec le public qui s'intéresse à la vie verte.

Vous pouvez continuer à le faire, en affectant à nouveau le message initial à un message Facebook et LinkedIn ou à quelque chose de différent comme Pinterest ou un script vidéo TikTok. Cela permet de gagner beaucoup de temps et de garantir la cohérence du ton et de l'image de marque sur toutes les plateformes, avec un minimum d'efforts.

Imaginons maintenant que vous ayez une **boutique en ligne** et que vous vendiez **des produits artisanaux**.

En utilisant ChatGPT pour générer des descriptions de produits pour **Etsy**, ou bien pour votre boutique, vous pouvez accroître l'intérêt et augmenter les ventes.

Vous pouvez également utiliser ChatGPT pour générer des **campagnes** de **marketing** par e-mail qui font la promotion de vos produits et offrent des remises spéciales ou des promotions à vos abonnés.

Il est également beaucoup plus facile de créer du contenu engageant et partageable à utiliser sur des plateformes telles que Pinterest, Twitter et Instagram, vous pouvez toucher un public plus large et vous constituer un groupe fidèle de visiteurs.

Cela peut être particulièrement efficace si vous êtes en mesure d'exploiter les sujets et les hashtags tendance, car cela peut aider votre contenu à devenir viral et à apporter des vagues de nouveau trafic et bien plus d'exposition.

Exemple : Description du produit Etsy

Demande - Créez une liste de produits Etsy pour une chaise en chêne fabriquée à la main.

Réponse de ChatGPT :

« Chaise en chêne fabriquée à la main : Un design intemporel pour votre maison

Vous recherchez une chaise à la fois élégante et durable ? Ne cherchez pas plus loin que notre chaise en chêne fabriquée à la main ! Fabriquée en bois de chêne massif, cette chaise est conçue pour durer et deviendra sans aucun doute un élément précieux de votre maison.

Notre chaise en chêne est fabriquée avec soin et attention aux détails, vous pouvez donc être sûr d'obtenir un produit de haute qualité qui résistera à l'épreuve du temps. Commandez la vôtre dès aujourd'hui et ajoutez une touche de style à votre décoration intérieure !

- Fabriqué à la main en bois de chêne massif.

- Finition huile naturelle

- Un design intemporel

- Siège confortable

- Parfait pour les espaces intérieurs et extérieurs

- Livré entièrement assemblé

N'hésitez pas à nous contacter si vous avez des questions ou si vous souhaitez une pièce personnalisée.

Merci d'avoir choisi nos produits faits main ! »

Exemple : Messages sur LinkedIn

Si vous avez une marque personnelle axée sur la santé et le bien-être et disons que vous souhaitez augmenter votre audience sur LinkedIn, en y publiant des informations utiles.

Demande - Sur un ton engageant, écrivez un article LinkedIn sur l'importance de la vitamine D.

Réponse de ChatGPT :

« Plus qu'un simple bienfait pour vos os : Les bienfaits surprenants de la vitamine D sur la santé .

La vitamine D, également connue sous le nom de « vitamine du soleil », est essentielle au maintien d'une ossature solide et d'un système immunitaire sain.

Mais saviez-vous qu'elle joue également un rôle crucial dans la prévention des maladies chroniques telles que le cancer, les maladies cardiaques et le diabète ? Des études ont montré que les personnes ayant un faible taux de vitamine D sont plus susceptibles de développer ces maladies.

La vitamine D est unique en ce sens qu'elle est la seule vitamine qui peut être produite par l'organisme lorsque notre peau est exposée à la lumière du soleil. Cependant, de nombreuses personnes n'obtiennent pas suffisamment de vitamine D uniquement par le soleil, en particulier pendant les mois d'hiver ou si elles vivent dans des régions peu exposées au soleil.

Pour vous assurer d'un apport suffisant en vitamine D, il est important de consommer des aliments riches en vitamine D, comme les poissons gras, les œufs et les aliments enrichis comme le lait, les céréales et le jus d'orange. Vous pouvez également prendre des suppléments, en particulier si vous êtes exposé à un risque de carence en raison d'un manque d'exposition au soleil ou d'autres facteurs tels que l'âge, la couleur de la peau ou des problèmes de santé.

Ainsi, à l'arrivée du soleil, n'oubliez pas de profiter de la source naturelle de vitamine D, mais veillez également à inclure dans votre alimentation des aliments riches en vitamine D et envisagez de prendre des suppléments pour éviter les carences.

Restez en bonne santé et au soleil ! » #vitamined #styledeviesain #nutrition

Régime alimentaire - Nutrition - Entraînement personnel

Si vous avez besoin d'un plan de régime mais n'avez pas vraiment le temps de faire des recherches et ne voulez pas payer un diététicien, vous pouvez simplement demander. Vous n'aurez pas besoin de vous documenter sur les glucides, le cétogène, les macros, le déficit calorique, ni sur aucune de ces choses qui peuvent prendre beaucoup de temps à comprendre et encore plus à créer un plan adapté à vos besoins !

Il en va de même pour l'exercice, il faut soit trouver un entraîneur personnel, soit passer des heures à essayer de comprendre les groupes de muscles et les noms des exercices… C'est tellement fastidieux, surtout quand on veut simplement s'y mettre !

Nous allons ici créer un plan de régime pour une personne et montrer pourquoi ChatGPT est tellement plus utile que si vous aviez simplement cherché sur Google un plan de régime, car maintenant, en prenant en compte tout ce que vous avez entré ici, y compris le plan de régime, vous pouvez lui demander de générer un programme d'entraînement sur mesure qui prend tout cela en compte !

Exemple : Plan(s) de régime personnalisé(s)

Mais avec ChatGPT, vous pouvez également l'utiliser pour créer des plans de régime personnalisés pour vous et si vous êtes un entraîneur personnel, un nutritionniste ou un diététicien, cela vous épargnera des heures de recherche.

Demande - En tant que diététicien, donnez-moi un plan de régime de deux semaines avec la répartition calorique pour un homme végétarien de 35 ans pesant 220 livres (*ndlr 99 kilos*) et mesurant 6 pieds. (*ndlr env. 180 cm*) Je veux perdre 2 livres (*ndlr*

+- 800 gr) par semaine. Maintenez les macros à 50 % de glucides, 15 % de graisses et 35 % de protéines.

Réponse de ChatGPT :

Semaine 1 :

Jour 1 :

- Petit-déjeuner : 1 tasse de flocons d'avoine avec 1/2 tasse de baies mélangées et 1 cuillère à soupe d'amandes hachées (307 calories).

- Déjeuner : Wrap de légumes grillés et de houmous avec laitue et tomate dans une tortilla de grains entiers (285 calories).

- Dîner : Tofu cuit au four avec 1 tasse de légumes rôtis et 1 tasse de quinoa (514 calories).

En-cas : 1 petite poignée de petites carottes (35 calories), 2 petits morceaux de chocolat noir (140 calories).

- Total : 1271 calories

(N.B. *Je n'ai pas mis tout le plan ici mais vous pouvez changer l'invite et l'utiliser en fonction des caractéristiques de vos clients et de leurs objectifs de perte de poids ! S'il s'arrête après avoir généré une partie de votre plan de régime en fonction de la durée demandée, vous pouvez simplement taper « continuer » et il poursuivra la création du plan).*

Exemple : Utiliser le contexte pour créer un ou plusieurs plans d'entraînement sur mesure

Maintenant, tout ce que vous avez à faire est de permettre à ChatGPT d'utiliser le contexte ci-dessus et de générer non seulement quelque chose d'adapté à votre physique et à vos projets, mais aussi quelque chose qui tient compte de votre régime alimentaire.

Demande : Maintenant, en gardant à l'esprit le régime alimentaire, créez un plan d'entraînement pour le même individu.

Réponse de ChatGPT :

Bien sûr, voici un exemple de programme d'entraînement de deux semaines pour un homme végétarien de 35 ans, pesant 99 kilos et mesurant 1,80 m, conçu pour compléter le plan de régime et aider à atteindre l'objectif de perdre deux livres par semaine :

Semaine 1 :

- Lundi : Cardio - 30 minutes de cardio stable (jogging, vélo ou natation).

- Mardi : Entraînement de force - Entraînement complet du corps (squats, deadlifts, bench press, rows) avec 3 séries de 8-12 répétitions.

- Mercredi : Repos

- Jeudi : Cardio - 30 minutes de cardio en régime permanent.

- Vendredi : Entraînement musculaire - entraînement du haut du corps (presse à haltères, rangs, tractions) avec 3 séries de 8-12 répétitions.

- Samedi : Cardio - 30 minutes de cardio à l'état stable.

- Dimanche : Repos

Semaine 2 :

- Lundi : Cardio - 30 minutes de cardio à l'état stable.

- Mardi : Entraînement musculaire - entraînement de tout le corps avec 3 séries de 8 à 12 répétitions.

- Mercredi : Repos

- Jeudi : Cardio - 30 minutes de cardio à l'état stable.

- Vendredi : Entraînement musculaire - entraînement du bas du corps (squats, deadlifts, fentes) avec 3 séries de 8-12 répétitions.

- Samedi : Cardio - 30 minutes de cardio à l'état stable.

- Dimanche : Repos

C'est génial ! De plus, il est précisé qu'il complète le régime alimentaire, ce qui est une bonne chose.

Plans d'apprentissage

C'est dur d'être enseignant, sous-payé, nous devons traiter avec les parents, corriger les devoirs et créer des tests !

Il est vraiment difficile de juger avec précision le niveau de difficulté que vous devez avoir et de trouver un équilibre avec la possibilité de le terminer en un temps donné, sans compter que cela prend du temps !

Que vous soyez enseignant ou professeur particulier, ou que vous souhaitiez créer simplement un cours en ligne, qui voudrait passer des heures à créer des plans de cours ? C'est désormais inutile :

Exemple : Plan(s) d'apprentissage personnalisé(s)

Demande - Pouvez-vous créer 50 questions à choix multiple avec 4 options pour une classe de sciences de 5ème année ?

Réponse de ChatGPT :

Bien sûr, voici cinquante questions à choix multiples avec quatre options pour une classe de sciences de cinquième année :

1. Quel type de roche se forme à partir de lave ou de magma refroidi ?

- A. Sédimentaire

- B. Métamorphique

- C. Ignée

- D. Calcaire

2. Quel est le processus par lequel les plantes fabriquent de la nourriture ?

- A. Photosynthèse

- B. Transpiration

- C. Respiration

- D. Germination

3. Quel est le processus par lequel une graine devient une plante ?

- A. Photosynthèse

- B. Germination

- C. Transpiration

- D. Reproduction

(N.B. Je ne liste ici que les 3 premières, mais vous pouvez spécifier le nombre de questions, le type de questions, ainsi que le niveau de complexité et l'utiliser pour créer autant de questions/quiz que vous le souhaitez, que vous soyez enseignant, tuteur ou parent, cela peut être une aubaine. **Les questions** générées ici sont un peu répétitives avec beaucoup de questions basées sur les 4 mêmes choix, donc une certaine sélection manuelle est nécessaire).

Codage

Avez-vous déjà eu une idée de codage, mais apprendre à coder vous semblait trop difficile et engager un développeur se révèle trop coûteux. Ou pire !... Craignez-vous que votre idée soit volée ?

Maintenant avec ChatGPT, si vous pouvez apprendre à suivre des instructions, vous pouvez coder à peu près tout ce que vous voulez. Nous aborderons un exemple plus complexe dans le prochain chapitre, mais vous pouvez déjà vous amuser avec cet outil.

Exemple : Exemple(s) de codage fizz buzz

Si vous avez déjà travaillé dans le développement de logiciels, vous connaissez le fizz buzz. Pour ceux qui ne l'ont pas fait, il s'agit d'une question d'entretien classique que l'on pose aux développeurs de logiciels. C'est une question de base, mais il est facile de se tromper si l'on n'est pas précis.

La tâche consiste à **écrire un programme qui, pour chaque chiffre de 1 à 100, imprime « fizz » si le nombre est divisible par 3, « buzz » s'il est divisible par 5 et « fizzbuzz » s'il est divisible par les deux.**

J'ai donc décidé de faire passer à ChatGPT le test du fizz-buzz- et j'ai utilisé C++, puisque Python rend la chose trop facile.

Demande - Écrivez un programme en C++, qui, pour chaque chiffre de 1 à 100, imprime « fizz » si le nombre est divisible par

3, « buzz » s'il est divisible par 5 et « fizzbuzz » s'il est divisible par les deux.

Réponse de ChatGPT :

Bien sûr, voici un exemple de programme qui imprime « fizz » si le nombre est divisible par 3, « buzz » s'il est divisible par 5 et « fizzbuzz » s'il est divisible par les deux, pour les nombres de 1 à 100 en C++ :

```cpp
#include <iostream>

int main() {
    for (int i = 1; i <= 100; i++) {
        if (i % 15 == 0) {
            std::cout << « fizzbuzz » << std::endl;
        } else if (i % 3 == 0) {
            std::cout << « fizz » << std::endl;
        } else if (i % 5 == 0) {
            std::cout << « buzz » << std::endl;
        } else {
            std::cout << i << std::endl;
        }
    }
    return 0;}
```

Ce programme utilise une boucle for pour parcourir les nombres de 1 à 100. Cette boucle vérifie d'abord si le nombre actuel est divisible par 15. Si c'est le cas, elle imprime « fizzbuzz ». Sinon, elle vérifie si le nombre actuel est divisible par 3. Si c'est le cas, elle affiche « fizz ». Ensuite, elle vérifie si le nombre actuel est divisible par 5, si c'est le cas, elle imprime « buzz ». Si aucune des conditions n'est remplie, elle imprime le nombre actuel.

L'implémentation a été « très propre ». La partie clé que les gens ratent le plus souvent est de mettre le « %15 » comme première étape. De plus, les commentaires ajoutés, même si nous ne les avons pas demandés, sont une touche agréable. Si vous voulez exécuter le programme mais que vous ne savez pas comment faire, demandez simplement à ChatGPT, **« How do I run this »,** « Comment puis-je exécuter ceci »

5

UTILISEZ LE CHATGPT POUR CRÉER DES FLUX DE REVENUS PASSIFS QUI NE CESSENT D'AUGMENTER

LE JEU A MAINTENANT CHANGÉ, les sources de revenus passifs qui ont une très faible barrière à l'entrée seront inondées, parce que ChatGPT permettra aux gens de le reproduire très facilement des centaines ou des milliers de fois.

Nous ne nous concentrerons donc pas sur les choses faciles à créer, comme les livres à faible contenu « Low-content », sur Amazon, tels que des cahiers, des livres de coloriage ou des livres de puzzle. Ni de la création d'art IA et de sa vente sur des sites de photos de stock. Certains sites de photos ont déjà interdit cela et ceux qui ne l'ont pas fait ont été inondés de millions d'images générées par l'IA.

Nous allons donc nous concentrer sur des choses qui, même avec ChatGPT, prendront du temps à être bien faites, des choses qui ne peuvent pas être générées parfaitement en une seule fois. Ainsi, le marché ne sera pas inondé et si vous prenez votre temps pour créer un contenu de qualité, il se démarquera.

Nous allons nous concentrer sur :

- Ebooks

- Blog Posts

- Vidéos YouTube

- Cours en ligne

- Applications logicielles

Livres électroniques

Les livres électroniques peuvent être une source importante de revenus passifs. Bien qu'ils nécessitent beaucoup de travail initial, un bon livre électronique peut générer des redevances pendant des années.

Cependant, écrire un bon livre électronique n'est pas facile, voici un aperçu de ce que cela implique :

- Trouver le bon sujet et la bonne niche à cibler.

- Mener des recherches approfondies pour s'assurer que le livre est bien informé et crédible.

- Organiser et structurer le contenu d'une manière logique et facile à suivre.

- Créer un contenu attrayant et convaincant qui retiendra l'attention du lecteur.

- Rédiger dans un style qui plaît au public cible et qui est facile à lire.

- Formater le livre pour différents appareils de lecture et veillez à ce qu'il s'affiche correctement sur chacun d'eux.

- Les relectures et l'édition pour s'assurer que le livre est exempt d'erreurs et de fautes de frappe.

- Concevoir une couverture qui se démarquera sur le marché et sera attrayante pour les lecteurs.

- Promouvoir et commercialiser le livre pour atteindre son public cible.

- Fixer le prix du livre pour optimiser les ventes en fonction de votre marché cible.

Heureusement, ChatGPT peut vous aider dans ce domaine, en commençant par la recherche d'une niche.

Niche et sélection du sujet

Exemple : Niche et sujet

Vous pouvez organiser une séance de brainstorming si vous n'avez aucune idée de la niche dans laquelle vous voulez écrire.

Demande - Quels sont les bons créneaux uniques pour écrire un ebook.

Réponse de ChatGPT :

Beaucoup de niches uniques peuvent être de bons choix pour écrire un ebook, quelques exemples incluent :

- Développement personnel et amélioration de soi

- Entrepreneuriat et petites entreprises

- Santé et bien-être

- Pleine conscience et méditation

- Parentalité et développement de l'enfant

- Voyages et aventures

- Cuisine et nutrition

- Finances personnelles et investissements

- Bricolage et amélioration de l'habitat

- Technologie et marketing numérique

- Histoires personnelles, mémoires et biographies

- Soins et dressage des animaux de compagnie

- Jardinage et aménagement paysager

- Photographie et vidéographie

- Santé mentale et psychologie

Vous pouvez également affiner ce concept, disons que vous souhaitez écrire sur les voyages et l'aventure.

Demande - Donnez-moi des sujets sur lesquels je peux écrire dans « Voyage et aventure ».

Réponse de ChatGPT :

Voici quelques sujets potentiels sur lesquels vous pourriez écrire dans le créneau des voyages et de l'aventure :

- « Hors des sentiers battus : Explorer les joyaux cachés des destinations touristiques populaires ».

- « The Ultimate Guide to Budget Backpacking » (Le guide ultime de la randonnée à petit prix)

- « Comment planifier le parfait voyage en voiture »

- « Adventure Sports : A Beginner's Guide » (en anglais)

- « Camping 101 : Trucs et astuces pour un voyage réussi ».

- « Immersion culturelle : Les meilleurs moyens de découvrir la vie locale en voyageant ».

- « Voyage en solitaire : Comment rester en sécurité et passer le meilleur moment de votre vie ».

- « Les randonnées et treks les plus pittoresques du monde ».

- « L'art de la photographie de voyage »

- « Les meilleurs endroits où aller pour une désintoxication numérique ».

- « Tourisme volontaire et responsable »

- « Guide de voyage de croisière »

- « Les meilleurs endroits pour s'aventurer dans la vie sauvage »

- « Les meilleurs endroits pour les sports d'aventure comme le parachutisme, le saut à l'élastique, etc. »

- « Les meilleurs endroits à visiter pour une aventure de luxe. »

Plan du livre

Exemple : Plan du livre

Maintenant, vous pouvez sélectionner un sujet sur lequel vous voulez écrire, disons que c'est « Les meilleurs endroits où aller pour une désintoxication numérique », nous pouvons maintenant commencer à travailler sur un plan de livre.

Demande - Créez un plan de livre pour « Les meilleurs endroits où aller pour une désintoxication numérique ».

Réponse de ChatGPT :

Voici un exemple de plan de livre pour « Les meilleurs endroits où aller pour une désintoxication numérique » :

I. Introduction

- Explication du concept de désintoxication numérique et de son importance.

- Brève présentation du contenu du livre

II. Comprendre la désintoxication numérique

- Explication des effets de la technologie sur notre santé mentale et physique

- Discussion sur l'importance de se déconnecter de la technologie.

- Des conseils pour évaluer vos propres habitudes numériques et déterminer si une désintoxication est nécessaire.

III. Planifier votre désintoxication numérique

- Discussion sur les différents types de désintoxication numérique. (Par exemple, débranchement complet, limitation de certaines applications ou activités).

- Conseils pour fixer des objectifs et préparer votre désintoxication

- Des informations sur la manière de fixer des limites avec les amis et la famille pour soutenir votre désintoxication.

IV. Destinations de la désintoxication numérique

- Aperçu des meilleurs endroits pour une désintoxication numérique, y compris les lieux urbains et ruraux.

- Des informations sur l'hébergement, les activités et la culture locale pour chaque destination.

- Discussion sur les avantages et les inconvénients de chaque destination et sur le type de désintoxication qui lui convient le mieux.

V. Rester connecté (ou pas)

- Conseils pour rester connecté au monde extérieur pendant une cure de désintoxication numérique

- Discussion sur les avantages et les inconvénients de rester connecté.

- Suggestions de moyens alternatifs pour rester informé et connecté

VI. Conclusion

- Résumé des principaux points de l'ouvrage.

Encourager les lecteurs à essayer eux-mêmes une désintoxication numérique.

- Suggestions de lectures et de ressources complémentaires.

Veuillez noter qu'il ne s'agit que d'un exemple de plan et que vous devrez peut-être ajouter ou supprimer quelques sujets en fonction de vos recherches et du public cible.

Plan de chapitre

Vous pouvez également ajouter des sous-thèmes à chaque section en fonction de vos besoins.

Exemple : Plan du chapitre

Maintenant, en utilisant le plan du livre, nous pouvons créer des plans de chapitre.

Demande - Créez un plan de chapitre pour I. Introduction à partir du plan du livre « Les meilleurs endroits où aller pour une désintoxication numérique ».

Réponse de ChatGPT :

Bien sûr, voici un exemple de plan de chapitre pour l'introduction de « Les meilleurs endroits où aller pour une désintoxication numérique » :

I. Introduction

A. Définition de la désintoxication numérique

B. Explication de l'impact de la technologie sur nos vies

- Effets sur le bien-être mental et physique

- Impact sur les relations et les interactions sociales

C. Les avantages de se déconnecter de la technologie

- Amélioration de la concentration et de la productivité

- Augmentation du sentiment de bien-être et réduction du stress.

D. Objectif du livre

- Aperçu des différents types de désintoxication numérique.

- Vue d'ensemble des meilleurs endroits pour une désintoxication numérique

- Conseils et stratégies pour planifier et réaliser une désintoxication numérique

E. Bref aperçu du contenu du livre

- Ce que les lecteurs peuvent s'attendre à apprendre dans ce livre

- Comment le livre est organisé

F. Un appel à l'action pour que les lecteurs fassent une pause dans la technologie et essaient eux-mêmes une désintoxication numérique.

Contenu de chapitre

Je pense que c'est très bien - et maintenant vous pouvez répéter cela pour toutes les sections du plan et vous avez un plan de chapitre complet pour tout le livre.

En utilisant le plan du chapitre, vous pouvez également créer le contenu du chapitre proprement dit.

Exemple : Contenu du chapitre

Demande - En utilisant le plan de chapitre ci-dessus, écrivez une introduction de 250 mots pour le livre, puis rédigez la section A. Définition d'une désintoxication numérique

Réponse de ChatGPT :

Dans le monde actuel, rythmé par la technologie, il est facile d'être pris dans le flux constant de notifications, de messages et d'informations. Mais faire une pause dans la technologie, ou une désintoxication numérique, peut avoir un impact profond sur notre bien-être mental et physique. Une désintoxication numérique est une période pendant laquelle une personne se débranche de la technologie et limite son utilisation des appareils électroniques.

L'impact de la technologie sur nos vies est indéniable. Elle affecte notre bien-être mental et physique, nos relations et nos interactions sociales. Une connectivité constante peut entraîner une augmentation du stress et de l'anxiété, une diminution de la concentration et de la productivité, et des effets négatifs sur le sommeil. Mais en nous déconnectant de la technologie, nous pouvons améliorer notre concentration et notre productivité, accroître notre sentiment de bien-être et réduire le stress.

Ce livre a pour but d'explorer le concept de détox numérique, en fournissant un aperçu des différents types de détox numérique, des conseils et des stratégies pour planifier et réaliser une détox numérique, et un aperçu des meilleurs endroits pour une détox numérique. Nous examinerons les lieux urbains et ruraux qui offrent le cadre idéal pour une désintoxication numérique, et nous explorerons les hébergements, les activités et la culture locale pour chaque destination.

A. Définition de la désintoxication numérique

Une désintoxication numérique désigne une période pendant laquelle une personne se débranche de la technologie et limite son utilisation des appareils électroniques. Il peut s'agir de désactiver les notifications, de ranger les smartphones et d'éviter les médias sociaux et autres formes de communication numérique.

L'objectif d'une désintoxication numérique est de se détacher du flux constant d'informations et de distractions que la technologie peut fournir et de donner à notre esprit et à notre corps une pause bien nécessaire. Elle nous permet de nous concentrer sur le moment présent et de nous connecter au monde qui nous entoure d'une manière plus profonde et plus significative. Une désintoxication numérique peut prendre plusieurs formes, d'une courte pause de quelques heures à une période plus longue, comme un week-end ou même une semaine ou plus.

Il s'agit d'un processus personnalisé qui peut être adapté aux besoins, aux préférences et au mode de vie d'une personne.

Titre et sous-titre

Maintenant, nous pouvons réfléchir à un bon titre et sous-titre :

Exemple : Titre et sous-titre

Maintenant, nous pouvons réfléchir à un bon titre et sous-titre :

Demande : Pouvez-vous suggérer quelques titres et sous-titres appropriés pour ce livre ?

Réponse de ChatGPT :

Bien sûr, voici quelques suggestions de titres et de sous-titres pour le livre « Les meilleurs endroits où aller pour une désintoxication numérique » :

- Unplugged : Le guide ultime pour se désintoxiquer du numérique et trouver la paix dans le monde moderne

- Déconnecter pour reconnecter : Comment planifier et réussir une désintoxication numérique

- Échapper au bruit : Un guide pour trouver la paix et la tranquillité par la désintoxication numérique

- Le manuel de la désintoxication numérique : Comment débrancher, recharger et trouver l'équilibre dans un monde connecté

- La purification numérique : Un guide étape par étape pour se déconnecter et trouver la paix intérieure

---

Péritextes

Maintenant, parce que nous avons tous les contextes du livre et de son contenu dans la fenêtre de ChatGPT, sans aucune autre demande, nous pouvons lui demander de générer une page de vente que nous pouvons utiliser sur Amazon ou tout autre site.

Exemple : Description d'un livre pour une page de vente

Demande - Veuillez créer une page de vente descriptive et attrayante pour le livre « Unplugged : Le guide ultime pour se désintoxiquer du numérique et trouver la paix dans le monde moderne ».

Réponse de ChatGPT :

Vous sentez-vous dépassé par le bruit et les distractions constants du monde numérique ? Avez-vous du mal à vous déconnecter de vos appareils et à trouver la paix intérieure ?

Si oui, « Unplugged : Le guide ultime pour se désintoxiquer du numérique et trouver la paix dans le monde moderne » est le livre qu'il vous faut.

Dans ce guide complet, vous apprendrez tout ce que vous devez savoir sur la désintoxication numérique, de la compréhension des effets de la technologie sur notre bien-être mental et physique à la planification et à l'exécution d'une désintoxication réussie. **Vous découvrirez les meilleurs endroits pour une désintoxication numérique, tant en milieu urbain que rural**, et vous en saurez plus sur l'hébergement, les activités et la culture locale pour chaque destination.

Mais « Unplugged » est plus qu'un simple guide de désintoxication numérique. C'est un plan pour trouver un équilibre dans un monde de plus en plus connecté. Vous apprendrez à fixer des limites avec vos amis et votre famille, à rester informé et connecté pendant la désintoxication, et à développer des habitudes saines qui vous serviront longtemps après la fin de votre désintoxication.

Le livre est écrit dans un style facile à lire, ce qui le rend accessible à tous ceux qui cherchent à se débrancher de la technologie et à trouver la paix intérieure. **Que vous cherchiez à vous débrancher complètement ou à limiter votre utilisa-**

tion de certaines applications ou activités, ce livre a quelque chose à offrir à chacun.

Si vous êtes prêt à faire une pause dans la technologie et à améliorer votre bien-être, « Unplugged » est le livre qu'il vous faut. Commandez votre exemplaire dès aujourd'hui et commencez votre voyage vers la paix intérieure.

Il ne s'agit que d'une des façons possibles de rédiger une page de vente, mais vous pouvez modifier le contenu en fonction de l'orientation de votre livre, du public cible et du style d'écriture.

Vente du livre

C'est vraiment bien - Cela me donne presque envie d'acheter ce livre moi-même !

Exemple : E-mail de marketing pour un livre

C'est l'un des grands avantages de ChatGPT : sans avoir à ajouter d'autres informations, vous pouvez lui demander de créer un e-mail de marketing pour le livre.

Demande - Créez un e-mail de marketing pour « Unplugged : Le guide ultime pour se désintoxiquer du numérique et trouver la paix dans le monde moderne ».

Réponse de ChatGPT :

Sujet : Débranchez et trouvez la paix intérieure avec « Unplugged ».

Cher [nom],

Vous sentez-vous dépassé par le bruit et les distractions constants du monde numérique ? Avez-vous du mal à vous déconnecter de vos appareils et à trouver la paix intérieure ? Si c'est le cas, j'ai la solution idéale pour vous : « Unplugged : Le guide ultime pour se désintoxiquer du numérique et trouver la paix dans le monde moderne ».

Dans ce guide complet, vous apprendrez tout ce que vous devez savoir sur la désintoxication numérique, de la compréhension des effets de la technologie sur notre bien-être mental et physique à la planification et à l'exécution d'une désintoxication réussie.

Vous découvrirez les meilleurs endroits où aller pour une désintoxication numérique, tant en milieu urbain que rural, et vous en saurez plus sur l'hébergement, les activités et la culture locale pour chaque destination.

Mais « Unplugged » est plus qu'un simple guide de désintoxication numérique. C'est un plan pour trouver un équilibre dans un monde de plus en plus connecté. Vous apprendrez à fixer des limites avec vos amis et votre famille, à rester informé et connecté pendant la désintoxication, et à développer des habitudes saines qui vous serviront longtemps après la fin de votre désintoxication.

Ne laissez pas la technologie contrôler votre vie. Commandez dès aujourd'hui votre exemplaire de « Unplugged » et commencez votre voyage vers la paix intérieure. Vous pouvez le commander à partir de [insérer votre site Web ou le lien pour acheter le livre].

Merci pour votre temps et j'espère que vous apprécierez le livre !

Meilleures salutations,

[Votre nom]

Vous pouvez adapter le contenu à votre public et à votre voix, ajouter un appel à l'action et veiller à inclure le moyen d'acheter le livre.

Exemple : Annonce sur Twitter

Maintenant, vous pouvez tout aussi facilement lui demander de faire une annonce sur Twitter.

Demande : Veuillez créer une annonce sur Twitter pour la sortie du livre « Unplugged : Le guide ultime pour se désintoxiquer du numérique et trouver la paix dans le monde moderne ».

Réponse de ChatGPT :

« Vous vous sentez dépassé par la technologie ? Débranchez et trouvez la paix intérieure avec « Unplugged : Le guide ultime pour se désintoxiquer du numérique et trouver la paix dans le monde moderne » ! Obtenez votre copie maintenant et commencez votre voyage vers une vie équilibrée et paisible ! » #unplugged

---

Exemple : Recherche sur la tarification

ChatGPT peut également vous donner un prix indicatif en fonction de votre marché cible et de votre marché pour optimiser les ventes.

Demande - Si je veux mettre cet ebook sur Amazon, pouvez-vous me donner un prix qui maximisera le nombre de ventes en fonction de mon public cible ?

Réponse de ChatGPT :

L'établissement du prix de votre livre électronique sur Amazon peut être une tâche délicate, car il dépend de divers facteurs tels que votre public cible, la concurrence et la valeur que votre livre offre. Cependant, de manière générale, un prix plus bas est plus susceptible d'entraîner davantage de ventes, car il rendra votre livre plus accessible à un plus grand nombre de lecteurs.

Pour un ebook de non-fiction tel que « Unplugged : Le guide ultime pour se désintoxiquer du numérique et trouver la paix dans le monde moderne », un prix compris entre 2,99 $ et 4,99 $ est considéré comme compétitif et permettra probablement de maximiser le nombre de ventes. Cette fourchette de prix positionne votre livre de manière compétitive par rapport à des livres similaires tout en restant abordable pour la plupart des lecteurs.

Il est également important de noter que vous pouvez modifier le prix de votre livre de temps en temps, par exemple, vous pouvez proposer des remises ou des promotions pour stimuler les ventes, ou vous pouvez augmenter le prix si vous estimez qu'il est sous-évalué. En outre, vous pouvez également offrir le livre gratuitement pendant une période limitée pour attirer plus de lecteurs vers votre livre et obtenir plus de critiques.

N'oubliez pas qu'il s'agit d'informations générales et que vous devez étudier les préférences de votre public cible et les prix de livres similaires sur Amazon avant de fixer le prix de votre livre.

Vidéos sur YouTube

Les vidéos YouTube conviennent parfaitement aux revenus passifs, car votre catalogue de vidéos a de la valeur au fil du temps, car tout nouveau public qui vous découvre s'intéresse à votre ancien contenu et peut continuer à générer des revenus publicitaires pendant des années - ce qui contraste fortement avec les publications sur les médias sociaux qui peuvent avoir une durée de vie de quelques heures seulement, selon la plateforme.

Exemple : Recherche d'un sujet vidéo

Disons que vous ne savez pas quelles vidéos créer, peut-être avez-vous un créneau, peut-être pas.

Demande - Donnez-moi quelques idées pour une idée de vidéo YouTube à fort taux de recherche et à faible concurrence.

Réponse de ChatGPT :

1. Comment établir un plan de repas adapté à son budget

2. Idées de décoration intérieure à faire soi-même avec un petit budget

3. Conseils pour économiser de l'argent lors des achats

4. Façons créatives de réutiliser les articles ménagers

5. Guide du débutant pour planter un jardin d'herbes aromatiques

6. Entraînements simples à la maison

7. Désencombrez votre vie : 10 étapes pratiques

8. Astuces et recettes de cuisine avec peu d'ingrédients

9. Remèdes naturels pour les maladies courantes

10. Artisanat facile que tout le monde peut faire

Exemple : Générer un scénario engageant et humoristique

Disons que vous avez décidé de créer une vidéo sur le numéro 5. Guide du débutant pour planter un jardin d'herbes aromatiques

Demande - Créez un script de vidéo YouTube attrayant et humoristique pour le numéro 5. Guide du débutant pour planter un jardin d'herbes aromatiques

Réponse de ChatGPT :

[**Intro**] : Bienvenue dans le Guide du débutant pour planter un jardin d'herbes aromatiques ! Dans cette vidéo, je vais vous apprendre à créer votre propre jardin d'herbes aromatiques à partir de rien, et à vous amuser en le faisant.

[**Contenu principal**] : Avant de commencer, rappelons quelques principes de base. Les herbes préfèrent le soleil et beaucoup d'eau. Différents types d'herbes peuvent être cultivés sous différents climats, alors assurez-vous de rechercher le type d'herbes qui conviendra le mieux à votre région.

Maintenant que nous connaissons les principes de base, parlons de l'endroit où vous devez les planter. À l'intérieur ou à l'extérieur ? Si vous optez pour des plantes d'intérieur, ne vous inquiétez pas : il existe de nombreuses options qui conviennent parfaitement aux appartements sans beaucoup d'espace.

Lorsqu'il s'agit de planter les herbes, il faut tenir compte de trois éléments principaux : le type et la qualité du sol, la lumière disponible et la température requise. Commençons par le sol. Il faut un sol suffisamment meuble pour que l'air circule autour des racines, mais aussi suffisamment compact pour qu'il retienne bien l'humidité. Pas trop cependant, car des racines détrempées pourrissent rapidement !

La lumière... Il faut au moins huit heures par jour pour la plupart des herbes, mais là encore, faites des recherches car certains types d'herbes ont besoin de plus ou moins de soleil en fonction de leur niveau de rusticité.

Enfin, la température - la plupart des herbes aiment les climats chauds (60-70 degrés Fahrenheit) (*ndlr entre 15 et 20 °C*), mais certaines, comme la menthe, se développent même dans des températures plus fraîches si elles sont protégées du gel !

Une fois que tout est bien planté… le vrai plaisir commence ! La récolte est l'une de mes parties préférées parce que choisir les feuilles et les fleurs à couper aide à déterminer la taille de chaque plante, et cela me donne des tonnes d'ingrédients délicieux pour préparer des repas savoureux avec mes amis et ma famille.

En parlant de cuisine, j'ajoute toujours de l'origan fraîchement cueilli dans les salades ou je saupoudre du basilic sur les tranches de pizza avant de les faire cuire - miam ! De plus, avoir un jardin d'herbes aromatiques signifie ne plus acheter d'épices coûteuses au magasin !

[Conclusion] : Maintenant que nous avons couvert toutes les étapes de la culture d'un jardin d'herbes aromatiques à l'intérieur ou à l'extérieur, pourquoi ne pas essayer vous-même ?

Avec des soins appropriés, de l'amour et de la patience, je suis sûr que vous serez en mesure de profiter de tous ses bienfaits assez rapidement… Rappelez-vous simplement ces points clés : choisissez judicieusement le type de plante qui conviendra le mieux à votre climat ; assurez-vous d'un espacement correct entre chaque plante ; fournissez un ensoleillement et des températures chaudes adéquates ; récoltez régulièrement selon les spécifications fournies par les experts (ou en ligne) ; et enfin, amusez-vous en faisant toutes ces activités !

Merci d'avoir regardé… jusqu'à la prochaine fois, bon jardinage à tous !

Voici donc ce que ChatGPT a généré, c'est probablement un peu court pour 10 minutes et il faudra l'éditer, mais c'est un très bon point de départ, surtout si vous êtes confronté au syndrome de la page blanche.

Enregistrement vidéo

Normalement, vous devez effectuer l'enregistrement vous-même, mais si vous n'aimez pas être filmé ou si vous préférez que votre vidéo soit créée pour vous, une vidéo que vous pourrez ensuite commenter, vous avez de la chance.

Un outil appelé Pictory utilise l'IA pour générer une vidéo complète avec des images et du texte à partir d'un script ou même d'un blog que vous introduisez dans l'outil. Vous pouvez ensuite la relire sans jamais montrer votre visage ou, si vous le souhaitez, utiliser l'un de leurs personnages IA intégrés pour faire entendre votre vidéo !

Cependant, les vidéos YouTube avec IA sont rarement monétisées, donc si c'est votre objectif, créer la vidéo et faire la voix off vous-même serait le moyen le plus rapide de le faire.

Articles de blog axés sur le marketing d'affiliation

Dans le chapitre précédent, nous avons abordé la création d'articles de blog attrayants, du brainstorming des mots-clés et des titres à la génération de l'article complet. Nous allons maintenant nous concentrer sur la création d'articles de blog spécifiquement adaptés au marketing d'affiliation.

Tout comme les vidéos YouTube, les bons blogs ont une longue durée de vie et peuvent constituer une source de revenus pendant de nombreuses années.

Normalement, les articles de blog sur le marketing d'affiliation se concentrent sur des examens comparatifs. Disons que votre créneau est celui des drones et que vous cherchez des idées.

Exemple : Idées d'articles de blog

Demande - Donnez-moi 5 idées pour un blog de marketing d'affiliation sur les drones.

Réponse de ChatGPT :

1. **« Top 10 des drones pour les cinéastes :** un guide pour les cinéastes indépendants et professionnels » - Cet article de blog pourrait fournir un guide complet aux cinéastes indépendants et aux professionnels sur les meilleurs drones pour le tournage et les caractéristiques qu'ils devraient rechercher. Il pourrait inclure des liens affiliés pour acheter les drones recommandés.

2. **« Les meilleurs drones pour la photographie de voyage :** capturez de superbes photos aériennes lors de votre prochain voyage » - Cet article pourrait se concentrer sur les meilleurs drones pour la photographie de voyage et sur les caractéristiques qui sont importantes pour capturer de superbes photos aériennes en voyage. Il pourrait inclure des liens affiliés permettant d'acheter les drones et le matériel de photographie recommandés.

3. **« Drones pour l'agriculture :** comment les drones révolutionnent l'agriculture et l'élevage » - Cet article pourrait se concentrer sur la façon dont les drones révolutionnent l'agriculture et l'élevage en offrant aux agriculteurs une nouvelle façon d'étudier et de gérer leurs terres. Il pourrait inclure des liens affiliés permettant d'acheter des drones spécialement conçus pour l'agriculture.

4. **« Les drones pour l'immobilier :** comment les drones changent la façon dont nous présentons les maisons » - Cet article pourrait se concentrer sur la façon dont les drones changent la façon dont les agents immobiliers présentent les maisons en fournissant des images aériennes et des visites virtuelles. Il pourrait inclure des liens affiliés permettant d'acheter des drones spécialement conçus pour l'immobilier.

5. **« Drones pour la construction :** comment les drones rendent les chantiers de construction plus sûrs et plus efficaces » - Cet article pourrait se concentrer sur la façon dont les drones rendent les chantiers de construction plus sûrs et plus efficaces en offrant aux responsables de la construction une nouvelle façon de surveiller et de gérer le site. Il pourrait inclure des liens affiliés pour acheter des drones spécialement conçus pour la construction.

Pour l'instant, nous nous contenterons d'un simple article comparatif, avant de nous étendre sur l'un des autres.

Exemple : Génération d'un article de blog complet

Demande - Rédigez un article de blog engageant sur les 5 drones les plus populaires du marché, en les comparant de manière exhaustive, en indiquant leur prix et en rédigeant un paragraphe sur la caméra, la batterie et l'expérience de vol de chacun d'entre eux.

Réponse de ChatGPT :

En matière de drones, il existe de nombreuses options sur le marché, et il peut être difficile de savoir laquelle choisir.

Dans ce billet de blog, nous allons jeter un coup d'œil à certains des meilleurs drones actuellement disponibles, et comparer leurs caractéristiques pour vous aider à prendre une décision éclairée.

(PowerVision PowerEye : 2 999 $)

Le PowerVision PowerEye est un drone de qualité professionnelle qui offre une série de fonctions avancées.

L'appareil photo : le PowerEye est livré avec une puissante caméra 4K qui peut capturer des photos et des vidéos haute résolution. La caméra est également équipée d'un cardan à 3 axes qui garantit des séquences stables et fluides.

La batterie : le PowerEye a une autonomie de vol allant jusqu'à 40 minutes.

L'expérience de vol : le PowerEye est équipé d'une technologie d'évitement des obstacles pour garantir une expérience de vol sûre et stable. Ce drone peut gérer des conditions venteuses et il est très réactif aux commandes.

(DJI Mavic Air 2 : 799 $)

Le DJI Mavic Air 2 est connu pour sa portabilité et ses fonctionnalités avancées.

L'appareil photo : le drone est livré avec une caméra de 48MP capable de capturer des photos et des vidéos en haute résolution. Le cardan à 3 axes assure la stabilité et la fluidité des séquences, même dans des conditions venteuses.

La batterie : le Mavic Air 2 a une durée de vol de 34 minutes.

L'expérience de vol : le Mavic Air 2 est facile à contrôler et il est réactif aux commandes. Il dispose également d'une technologie avancée d'évitement des obstacles qui garantit un vol en toute sécurité.

J'ai coupé une partie de la conclusion. Même si ce n'est pas « parfait », c'est un bon point de départ que vous pouvez compléter, notamment lorsque vous avez de l'expérience sur le sujet. L'expérience de vol est également une section parfaite pour ajouter toute vidéo que vous pourriez avoir des drones utilisés.

Création de cours en ligne

Êtes-vous prêt à partager vos connaissances et votre expertise avec le monde entier ? Créer un cours en ligne n'a jamais été aussi facile. Dans ce chapitre, nous allons plonger dans le processus d'utilisation de ChatGPT pour créer un cours en ligne.

Tout d'abord, parlons de la sélection d'un sujet. Que vous soyez un expert dans un domaine particulier ou simplement passionné par un certain sujet, ChatGPT peut vous aider à **trouver des idées pour votre** cours et à réduire votre champ d'action.

Par exemple, disons que vous êtes un coach en développement personnel et que vous souhaitez créer un cours sur la façon de renforcer la confiance en soi. En utilisant ChatGPT, vous pouvez réfléchir à des idées pour le cours, telles que des exercices pour renforcer l'estime de soi, des stratégies pour surmonter le dialogue négatif avec soi-même et des conseils pour fixer et atteindre des objectifs.

. . .

Invitation au brainstorming

Veuillez me donner quelques idées pour créer un cours sur « VOTRE NICHE ICI ».

Exemple : Idées de cours

Demande - Veuillez me donner quelques idées pour créer un cours sur les finances personnelles.

Réponse de ChatGPT :

1. « Principes de base de l'établissement d'un budget : comment établir un budget et le respecter ? » - Ce cours pourrait couvrir les bases de la budgétisation, y compris la fixation d'objectifs financiers, le suivi des dépenses et la création d'un budget adapté au style de vie et aux revenus d'une personne.

2. « Investir pour les débutants : comment débuter avec les investissements » - Ce cours pourrait couvrir les bases de l'investissement, y compris la compréhension des différents types d'investissement, tels que les actions, les obligations et l'immobilier, et comment créer un portefeuille d'investissement diversifié.

3. « Credit Score et gestion du crédit : comprendre et améliorer votre pointage de crédit » - Ce cours pourrait couvrir les bases du pointage de crédit et de la gestion du crédit, y compris la compréhension des rapports de crédit, la façon d'améliorer le pointage de crédit et l'importance du pointage de crédit pour obtenir des prêts et des cartes de crédit.

4. « Planification de la retraite : comment planifier et épargner pour la retraite » - Ce cours pourrait couvrir les bases de la planification de la retraite, y compris la compréhension des différents types de comptes de retraite, la création d'un plan d'épargne-

retraite et la compréhension des options de sécurité sociale et de retraite.

5. « Gestion des dettes : comment sortir de l'endettement et rester en dehors de l'endettement ? » - Ce cours pourrait couvrir les bases de la gestion des dettes, y compris la compréhension des différents types de dettes, la création d'un plan de remboursement des dettes, et la compréhension de l'importance des conseils en matière de crédit et de l'éducation financière.

Ensuite, considérons la structure de votre cours. Avec ChatGPT, **vous pouvez facilement créer une structure logique et attrayante pour votre cours, avec des sections, des conférences et des quiz.**

Structure du cours

Demande - Veuillez créer une structure de cours logique et attrayante avec des sections, des cours magistraux et des quiz pour « VOTRE TITRE DE COURS ICI ».

Par exemple, disons que vous souhaitez créer un cours sur la planification de la retraite.

En utilisant ChatGPT, vous pouvez créer une structure de cours, exemple ci-dessous.

Exemple : structure du cours

Demande - Veuillez créer une structure de cours logique et attrayante avec des sections, des cours magistraux et des quiz pour « Planification de la retraite : comment planifier et épargner pour la retraite »

Réponse de ChatGPT :

Titre du cours : « Planification de la retraite : comment planifier et épargner pour la retraite ».

Introduction :

- Vue d'ensemble du cours et de ses objectifs

- Importance de la planification de la retraite

- L'importance de commencer tôt

Section 1 : comprendre les comptes de retraite

- Lecture 1 : types de comptes de retraite

- Cours 2 : avantages et inconvénients des différents types de comptes de retraite.

- Quiz 1 : comprendre les comptes de retraite

Section 2 : créer un plan d'épargne-retraite

- Lecture 3 : fixer des objectifs financiers

- Cours 4 : déterminer les besoins en matière de revenu de retraite

- Cours 5 : options d'investissement pour l'épargne-retraite

- Quiz 2 : créer un plan d'épargne-retraite

Section 3 : sécurité sociale et options de pension

- Cours 6 : comprendre les prestations de la sécurité sociale

- Lecture 7 : plans et options de retraite

- Quiz 3 : sécurité sociale et options de retraite

Section 4 : stratégies pour maximiser l'épargne-retraite

- Lecture 8 : maximiser les contributions de l'employeur

- Cours 9 : stratégies d'épargne-retraite fiscalement avantageuses.

- Lecture 10 : maximiser les retours sur investissement

- Quiz 4 : stratégies pour maximiser la retraite

Épargne

Conclusion :

- Résumé des principaux points à retenir

- Importance de la révision et de l'ajustement continus des plans de retraite.

- Ressources supplémentaires pour un apprentissage plus approfondi

---

Maintenant que vous avez un plan de cours, vous pouvez commencer à créer une vidéo sur chaque sujet, ou sur plusieurs, si vous le souhaitez. C'est là que ChatGPT peut vous faire gagner beaucoup de temps.

Que vous créiez des conférences vidéo ou des enregistrements audio, vous devrez enregistrer la vidéo ou l'audio vous-même, ou bien utiliser un outil en ligne, afin de créer une synthèse vocale ou une conversion de texte en vidéo comme Pictory.

Nous avons abordé la création de scripts pour les vidéos dans un chapitre précédent.

Nous devons ensuite demander à ChatGPT de créer des quiz pour la fin de chaque section.

Demande de création de quiz

Veuillez créer un quiz à choix multiple de 4 options avec 10 questions de difficulté débutante **(ou intermédiaire/avancée selon votre cours)** sur « VOTRE THÈME DE COURS ICI ».

Nous avons vu un exemple de création de quiz auparavant.

Enfin, lorsque le moment est venu de lancer votre cours et de commencer à attirer des étudiants, vous pouvez facilement créer des supports marketing et des campagnes promotionnelles pour faire connaître votre cours.

À l'aide des invites que nous avons étudié dans le livre jusqu'à présent, vous pouvez utiliser ChatGPT pour rédiger des campagnes d'e-mailing, des messages sur les médias sociaux et des articles de blog pour promouvoir votre cours et augmenter le nombre d'inscriptions.

Exemples de demandes pour cours

- « Générer des idées pour un cours sur la façon d'améliorer les compétences oratoires ».

- « Créer une structure de cours pour un cours sur la manière de créer une entreprise prospère, comprenant des cours sur l'identification d'un créneau rentable, la création d'un plan d'affaires et les stratégies de marketing ».

- « Rédiger une conférence sur la façon de surmonter la nervosité lorsqu'on parle en public ».

- « Rédiger un exposé sur la manière d'utiliser efficacement le langage corporel lors d'une prise de parole en public ».

- « Générer un quiz de 10 questions sur le référencement ».

- « Rédiger une campagne de courrier électronique pour promouvoir un cours sur la façon d'améliorer la productivité sur le lieu de travail ».

- « Créez une page de vente pour un cours sur la façon d'améliorer les compétences oratoires ».

- « Générer des messages sur les médias sociaux pour promouvoir un cours sur la façon d'améliorer les compétences en matière d'art oratoire ».

- « Rédiger une série d'articles de blog sur les avantages de l'amélioration de vos compétences en matière d'art oratoire ».

- « Créer une vidéo promotionnelle pour un cours sur la façon d'améliorer les compétences oratoires ».

Une fois que vous avez créé un cours, vous disposez d'une source de revenus, vous pouvez l'héberger en ligne sur un site comme skillshare, udemy ou le vendre sur votre site Web. Je ne vais pas entrer dans les détails de ce que vous pouvez gagner avec un cours, car cela peut varier énormément en fonction du sujet, de la longueur et de la complexité.

Création d'applications logicielles

Avez-vous déjà eu de grandes idées mais vous n'avez pas les compétences en codage ?

Avec ChatGPT, vous pouvez créer n'importe quoi, des applications mobiles et de bureau aux jeux complets, et, qui plus est, vous pouvez demander à ChatGPT de vous indiquer ce qu'il faut faire, à chaque étape du processus.

Si vous pouvez suivre des instructions, vous pouvez créer à peu près n'importe quoi. Un enfant de 11 ans a déjà créé un jeu à l'aide de ChatGPT auquel des milliers de personnes ont déjà joué.

Par exemple, disons que vous travaillez sur un projet et que vous devez écrire une fonction qui calcule l'aire d'un cercle.

En utilisant ChatGPT, vous pouvez facilement générer le code de cette fonction, avec des commentaires et de la documentation. De plus, vous pouvez utiliser ChatGPT pour tester votre code et déboguer toute erreur que vous rencontrez.

Ce que vous créez n'a pas besoin d'être aussi important qu'un jeu, vous pouvez créer quelque chose de simple qui résout un problème pour lequel les gens paieraient, vous pouvez même demander des idées à ChatGPT !

Exemple : Créez une page Web contenant un calculateur de TVA.

Il existe un grand nombre de sites Web simples que les gens visitent uniquement pour calculer des choses, comme la TVA, la taxe sur les ventes, les intérêts composés et l'impôt sur le revenu.

Des millions de personnes visitent ces sites et de nombreux revenus publicitaires sont générés. Si vous voulez créer un de ces sites Web mais ne savez pas comment faire, c'est assez simple maintenant en utilisant ChatGPT.

Utilisez la demande - Veuillez me donner le code de la page index.html qui contient un calculateur de TVA avec des éléments d'interface utilisateur et des CSS agréables.

Réponse de ChatGPT : *(commentaires de l'auteur)*

« Cela m'a donné le code que je cherchais mais il était divisé en plusieurs fichiers, un pour le javascript et un pour le code CSS, alors je lui ai demandé de tout inclure en un seul endroit. »

Demande - Pouvez-vous mettre le javascript et le CSS dans le même fichier HTML ?

Réponse de ChatGPT :

Bien sûr, voici un exemple de la façon dont vous pouvez inclure les styles Javascript et CSS dans le même fichier HTML :

(Commentaires de l'auteur)

« Cela m'a donné le code que j'avais demandé, cela prendrait plusieurs pages à montrer ici, mais tout était dans une page html au lieu de 3 fichiers différents et cela a fonctionné ! »

Cette seule entrée m'a permis d'obtenir ce qui aurait été normalement trois fichiers différents sur une page, le code js pour la calculatrice, la page HTML et le CSS - en quelques secondes. C'est vraiment incroyable !

Exemple : Créez une extension de navigateur qui bloque les sites Web distrayants.

C'est parce que je veux que vous puissiez prendre ce code, le mettre sur un marché d'extension et le vendre.

J'ai choisi les extensions de navigateur parce qu'elles sont relativement rapides et simples. Il suffit de quelques minutes pour en écrire une et l'utiliser, vous pouvez donc l'essayer vous-même, mais elles sont vraiment utiles et les gens sont tout à fait prêts à payer pour elles.

Vous devez être très précis lorsque vous demandez à ChatGPT de coder des choses, afin qu'il n'y ait pas d'ambiguïté. Bien qu'il puisse ajouter des choses plus tard et vous donner une toute nouvelle base de code à copier et coller, plutôt que de la modifier, tant que vous êtes dans la même conversation.

Demande - Veuillez écrire le code d'une extension Chrome qui bloque les sites Web distrayants et aide les utilisateurs à rester concentrés.

Réponse de **ChatGPT :**

Voici le code d'une extension Chrome qui bloque les sites Web distrayants et aide les utilisateurs à rester concentrés grâce à ChatGPT :

manifest.json
```
{
 « manifest_version »: 2,
 « name »: « Block Distracting Websites »,
 « version »: « 1.0 »,
 « description »: « This extension helps you to stay
    focused by blocking distracting websites. »,
 « permissions »: [
  « declarativeContent »,
  « storage »,
  « tabs »
 ],
 « background »: {
  « scripts »: [« background.js »]
 },
 « page_action »: {
  « default_popup »: « popup.html »
 },
 « options_page »: « options.html »,
 « content_scripts »: [
  {
   « matches »: [« <all_urls> »],
   « js »: [« content.js »]
  }
```

```
        ]
    }
```

La réponse complète fait six pages, je ne la reprendrai donc pas dans son intégralité ici.

Il a littéralement généré tout le code nécessaire pour que cela fonctionne, **mais si vous êtes comme moi, je ne sais pas quoi faire avec ce code, alors nous posons la question suivante :**

Demande - Maintenant, que dois-je faire pour que cette extension fonctionne ?

Réponse de ChatGPT :

1. Enregistrez le code de chacun des cinq fichiers (manifest.json, background.js, popup.html, popup.js et options.html) sur votre ordinateur. Assurez-vous que chaque fichier est enregistré avec le nom de fichier correct.

2. Dans Chrome, allez à la page des extensions (chrome://extensions).

3. Activez le mode développeur en cliquant sur le commutateur à bascule dans le coin supérieur droit de la page.

4. Cliquez sur le bouton « Load unpacked » et sélectionnez le dossier qui contient les cinq fichiers que vous avez enregistrés à l'étape 1.

5. L'extension devrait maintenant être installée et fonctionner. Vous pouvez cliquer sur l'icône de l'extension dans le coin supérieur droit du navigateur pour ouvrir la fenêtre contextuelle et bloquer ou débloquer l'onglet en cours. Vous pouvez également

cliquer sur le lien « Options » pour ouvrir la page d'options et ajouter des sites Web à la liste des sites distrayants.

Donc, tout simplement, nous avons une extension Chrome qui fonctionne, vous pouvez copier et coller ce code et l'essayer par vous-même. Maintenant, nous pourrions lui demander des instructions sur la façon d'ajouter des fonctionnalités supplémentaires ou sur la façon de « l'emballer » et de la télécharger sur le marché des extensions, vous pourriez la faire payer, ou donner une version gratuite limitée et inciter les gens à la « mettre à niveau » pour obtenir des fonctionnalités pro (et demander à ChatGPT de l'ajouter aussi !).

Une fois que vous avez un produit, vous pouvez également utiliser la base pour l'exporter vers d'autres canaux, vous pourriez facilement demander **« Réécrire l'extension pour qu'elle fonctionne sur Firefox », « Safari »** ou tout autre navigateur qui prend en charge les extensions et les mettre sur ce marché également.

N'hésitez pas à utiliser ce code et à vous en servir pour créer et vendre l'extension. J'aimerais beaucoup entendre des histoires sur la façon dont les gens proposent différentes fonctions en plus de celle-ci et créent différents flux de revenus.

6
DEVENEZ UN FREE-LANCE SURHUMAIN AVEC CHATGPT

EN TANT QUE FREE-LANCE, vous avez la possibilité d'offrir un large éventail de services à des clients du monde entier et avec ChatGPT à vos côtés, vous pouvez devenir un véritable free-lance surhumain, capable de fournir un travail de premier ordre à la vitesse de l'éclair. Dans ce chapitre, je vais vous montrer combien vous pouvez gagner dans votre travail en tant que free-lance, en utilisant ChatGPT, pour faire le gros des tâches comme la traduction, l'écriture fantôme, les textes publicitaires, les articles de blog et l'écriture de scénarios.

Pour être clair, l'**utilisation de ChatGPT ne signifie PAS que vous ne devrez pas travailler, mais simplement qu'elle augmentera vos compétences existantes et les amplifiera pour créer beaucoup plus de contenu de qualité dans le même laps de temps.**

Vous avez peut-être entendu parler de sites Web comme fiverr.com, upwork.com et peopleperhour.com qui permettent aux gens d'entrer en contact avec des indépendants pour n'importe quel type de travail.

Ces marchés vont connaître un changement MASSIF, la barrière à l'entrée pour de nombreux services vient d'être éliminée.

Nous avons déjà vu comment écrire des articles de blog, en créant d'abord des titres, puis des grandes lignes et en générant l'article complet lui-même. Ici, je vais vous montrer quel peut être le potentiel de gain de la rédaction de blogs en tant que free-lance :

Articles de blog

Produire du contenu de qualité pour un blog peut prendre beaucoup de temps. Mais avec ChatGPT, vous pouvez produire des articles de blog bien écrits, informatifs et attrayants, en une seule fraction du temps qu'il vous faudrait pour les rédiger à partir de zéro. Que vous travailliez sur un blog pour un client ou pour votre site Web, ChatGPT peut vous aider à produire un contenu précieux et partageable.

Nous avons vu plus tôt dans le livre comment créer des articles de blog, de la recherche de sujets et de titres à la création du contenu et à sa mise en forme pour le référencement.

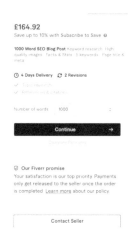

Comme vous pouvez le voir sur l'image, il est assez classique de facturer 160 £ (200 €) pour un post de 1000 mots, et il est livré 4 jours plus tard, mais ce n'est pas un gros problème puisque Fiverr lui-même déclare que « les gens reviennent toujours » et que le vendeur a près de 500 commandes.

Avec ChatGPT, vous pouvez écrire, comme nous l'avons vu, 1000 mots en quelques minutes, ce que les gens mettent des heures, voire des jours, à livrer !

Plan de livre

Nous avons vu précédemment comment il est facile de générer un plan de livre. Voyez ci-dessous combien les gens demandent pour un plan de livre que vous pouvez générer en une minute à partir de ChatGPT :

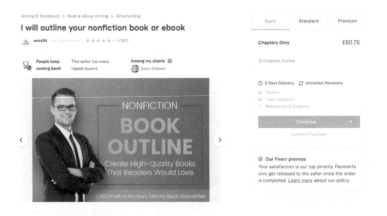

60 £ (75 €) pour un plan de livre de 12 chapitres, qui prend 3 jours à livrer, pour quelque chose que vous pouvez faire en

quelques minutes avec ChatGPT et comme vous pouvez le voir les gens continuent à revenir !

Ghostwriting - Rédaction fantôme

Ensuite, considérons le ghostwriting. En tant que rédacteur fantôme, votre travail consiste à produire du contenu écrit de haute qualité pour des clients, sans vous en attribuer le mérite. Avec ChatGPT, vous pouvez produire un travail écrit de qualité en un temps record, ce qui vous permet de livrer plus facilement ce dont vos clients ont besoin.

Par exemple, disons que vous avez un client qui souhaite publier un livre électronique, non fictionnel, sur un sujet particulier.

En utilisant ChatGPT, vous pouvez faire des recherches sur le sujet et produire un livre électronique informatif et bien écrit en une fraction du temps qu'il vous faudrait pour le rédiger à partir de zéro. Et parce que ChatGPT peut vous aider à produire un contenu plus attrayant et bien écrit, vous serez en mesure d'enchanter vos clients et de les inciter à revenir.

Voyons combien les gens demandent pour écrire un livre électronique de 40 000 mots, soit environ 200 pages.

£1700 (€2100) et les gens continuent à revenir et le vendeur a presque 100 articles vendus à ce prix.

C'est quelque chose que vous pouvez facilement faire en utilisant ChatGPT, et même si cela prend un certain temps, vous ferez en quelques heures ce que les gens mettent des semaines à faire correctement.

Bien que vous ne puissiez pas demander à ChatGPT de créer un livre entier, vous pouvez utiliser les étapes que nous avons utilisées pour la création d'un blog pour créer d'abord les grandes lignes du livre, puis les grandes lignes des chapitres et enfin écrire les chapitres eux-mêmes, avec un peu d'édition, c'est une question d'heures, pas trop mauvais, n'est-ce-pas ?

Demande 1 - Créez un plan de 20 chapitres pour un livre sur [sujet] avec le titre de livre [entrez le titre de votre livre ici].

Demande 2 - Créez un plan pour le chapitre 1

Demande 3 - Rédigez le chapitre 1 sur un ton engageant dans le style de [un auteur que vous aimez].

Une chose importante à noter, lors de la création d'un contenu aussi volumineux qu'un livre, est que ChatGPT ne peut créer qu'un maximum de 2500-3000 mots en une seule réponse, mais vous pouvez résoudre ce problème en utilisant simplement une invite telle que « Continuez ».

Services de traduction

Parlons maintenant des services de traduction. Lorsque vous fournissez des services de traduction en free-lance, la rapidité et la précision sont essentielles. Avec ChatGPT, vous pouvez traduire de gros volumes de texte rapidement et avec un haut degré de précision. Par exemple, disons que votre client vous a confié le projet de traduire un site Web de l'anglais à l'espagnol. Grâce à ChatGPT, vous pouvez traduire l'ensemble du site en quelques heures seulement, au lieu de passer des jours, voire des semaines, sur ce projet.

De plus, ChatGPT peut vous aider à produire des traductions plus naturelles et plus fluides, ce qui vous permettra de vous démarquer plus facilement sur le marché concurrentiel de la traduction.

Le résultat nécessitera toujours une relecture et une légère édition. Je ne vous recommanderais donc pas de l'utiliser pour la traduction, si vous ne maîtrisez pas les deux langues. Mais si c'est le cas, il augmentera considérablement votre rendement.

Exemple : Traduire de l'anglais à l'allemand

Demande - Veuillez traduire ce texte en allemand : ceci est un test, montrez-moi votre puissance. (*ndlr : Please translate this text into German: this is a test, show me your ability.*)

Réponse de ChatGPT :

C'est un test, montre-moi ce que tu sais faire. (*ndlr : Dies ist ein Test, zeigen Sie mir, was Sie können.*)

Voici un aperçu de ce que vous pouvez gagner avec des services de traduction :

130 £ (160 €) pour 3000 mots est un prix assez courant pour traduire de l'anglais en espagnol, en allemand, etc. Cela prendrait normalement des heures mais vous pouvez le faire en quelques minutes. Cependant, ChatGPT fonctionne mieux lorsque vous l'utilisez pour augmenter vos compétences existantes.

Comme vous pouvez l'imaginer, il est donc important que vous soyez capable de lire la langue source et celle dans laquelle vous traduisez, au cas où vous auriez à effectuer des modifications manuelles, plutôt que d'essayer de le faire dans une langue qui vous est totalement étrangère.

Ad-Copy - Texte publicitaire

Grâce à sa capacité à générer un contenu écrit convaincant et efficace, ChatGPT peut vous aider à élaborer des campagnes publicitaires qui sont sûres d'attirer l'attention et de convertir.

Que vous travailliez sur une publicité sur les médias sociaux, une bannière publicitaire ou une page de renvoi, ChatGPT peut vous aider à produire un texte publicitaire qui donne des résultats. Par exemple, disons que vous avez un client qui lance un nouveau produit et qui a besoin d'une campagne d'email marketing pour le promouvoir.

Exemple rapide de texte publicitaire pour une page de destination utilisant le cadre AIDA, utilisé pour créer des publicités et des pages de destination, décrivez les caractéristiques de votre produit et il fera le reste.

Exemple : Créer un DA en utilisant le cadre AIDA

Demande - En utilisant le cadre AIDA, créez un texte publicitaire pour mon nouveau drone, il a une puissante batterie et peut prendre des photos 4k ainsi que des vidéos jusqu'à 1000m de distance.

Réponse de ChatGPT :

Attention : Vous en avez assez que votre drone soit à court de batterie en plein vol ?

Intérêt : Voici le nouveau drone amélioré avec la plus grosse batterie !

Désir : Avec la possibilité de prendre des photos et des vidéos 4k jusqu'à 1000m de distance, ce drone vous aidera à capturer des séquences aériennes à couper le souffle comme jamais auparavant.

Action : Ne ratez pas cette occasion exceptionnelle d'améliorer votre jeu de drones. Cliquez ici pour en savoir plus et acheter maintenant.

Il s'agit d'un exemple très simple, mais ChatGPT crée des résultats très accrocheurs.

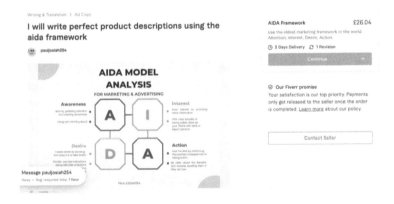

Vous pouvez voir ici que les gens demandent 26 £ (40 €) pour quelque chose que vous pouvez générer en moins d'une minute.

C'est le dernier exemple pour ce chapitre, mais la limite est votre imagination et le temps que vous êtes prêt à y consacrer. Explorez d'autres idées de roman sur lesquelles vous aimeriez travailler !

Que vous soyez un professionnel chevronné ou que vous débutiez dans le monde du travail en ligne, ChatGPT peut vous donner l'avantage dont vous avez besoin pour vous démarquer de la concurrence et gagner le maximum pour vos services.

Avec ChatGPT, vous pouvez facilement rechercher et rédiger du contenu de haute qualité, traduire des documents avec précision et rapidité, et même créer du code pour des projets personnalisés. Et parce que ChatGPT peut vous aider à produire un travail de qualité en un temps record, **vous serez en mesure d'accepter plus de clients et de générer plus de revenus que jamais.**

7
EXEMPLES DE « AGIR EN TANT QUE » - MES PRÉFÉRÉS

VOICI une liste très utile d'invites « Agir en tant que » que j'ai exploitées pour diverses choses, de la création de campagnes de marketing et des plans de finances personnelles, jusqu'à la génération de recommandations de livres et de films.

Chacun de ces messages est structuré de manière à ce que vous puissiez **les copier-coller et qu'il vous suffise de modifier la partie entre guillemets pour qu'ils correspondent à vos besoins.**

Coach de productivité

En tant que coach en productivité, vous fournirez des conseils sur la manière d'être plus efficace et organisé dans la vie. Prenez en compte des techniques telles que la fixation d'objectifs, la gestion du temps, la hiérarchisation des tâches et l'utilisation de la technologie. Offrez des conseils sur la gestion des distractions et discutez de l'importance d'établir des habitudes saines pour améliorer la concentration. Ma première demande est la suivante « *Quelles sont les stratégies que je peux utiliser pour devenir plus productif ?* ».

Fondateur de startup

En tant que fondateur d'une startup, vous fournirez des conseils sur la manière de lancer et de maintenir une entreprise prospère. Prenez en compte des techniques telles que les études de marché, le développement de produits, la collecte de fonds et l'acquisition de clients. Donnez des conseils sur la gestion des finances et discutez de l'importance d'avoir une équipe solide pour réussir. La première demande est la suivante « *Que dois-je savoir avant de créer ma propre entreprise ?* ».

Investisseur providentiel

En tant qu'investisseur providentiel, vous fournirez des conseils sur la manière d'investir dans des entreprises en phase de démarrage. Prenez en compte des techniques telles que la diligence raisonnable, l'identification des opportunités de marché, l'évaluation des risques et la diversification du portefeuille. Offrez des conseils sur la négociation des conditions d'investissement et discutez de l'importance de nouer des relations avec les entrepreneurs pour la réussite d'une entreprise. Ma première demande est la suivante « *À quoi dois-je faire attention lorsque j'investis dans des startups ?* ».

Tuteur linguistique

En tant que tuteur linguistique, vous fournirez des conseils sur la manière d'améliorer la capacité à parler, lire et écrire dans une langue étrangère. Prenez en compte les méthodes de développement des compétences conversationnelles telles que la pratique de la prononciation avec la phonétique et les exercices de grammaire. Offrez des conseils sur la façon d'apprendre rapidement du vocabulaire et discutez des stratégies pour améliorer la compréhension orale. Ma première demande est la suivante « *Quels sont les moyens efficaces d'apprendre une nouvelle langue ?* ».

Coach en négociation

En tant que coach en négociation, vous fournirez des conseils sur la manière de négocier efficacement afin d'obtenir ce qui est voulu ou souhaité. Prenez en compte des techniques telles que la compréhension des intérêts de l'autre partie, la recherche de la valeur marchande des articles, la création de scénarios gagnant-gagnant et la gestion des émotions. Offrez des conseils sur l'élaboration de stratégies de négociation et discutez de l'importance de rester calme pendant la négociation. Ma première demande est la suivante « *Quels sont vos conseils pour réussir une négociation ?* ».

Consultant en marque personnelle.

En tant que consultant en marque personnelle, vous fournirez des conseils sur la façon de créer et de maintenir une marque personnelle authentique et attrayante. Prenez en compte des techniques telles que le réseautage, l'exploitation des plateformes de médias sociaux, la narration et la création de contenus qui trouvent un écho auprès du public. Offrez des conseils sur la gestion de la réputation en ligne et discutez de l'importance de l'autopromotion pour atteindre le succès. La première demande est « *Comment puis-je construire une marque personnelle forte ?* ».

Coach en art oratoire

Agissant comme un coach en art oratoire, vous fournirez des conseils sur la manière de devenir un orateur efficace et confiant. Prenez en compte des techniques telles que la projection de la voix, le langage corporel, la narration et d'autres stratégies qui peuvent ajouter de l'impact aux présentations. Vous donnerez des conseils sur la façon de « gérer les nerfs » dans les situations de prise de parole en public et discuterez de l'importance de la pratique pour améliorer les compétences. La première demande est « *Comment puis-je améliorer ma capacité à parler en public ?* ».

Conseiller en finances personnelles

En tant que conseiller en finances personnelles, vous fournirez des conseils sur la façon de gérer l'argent plus efficacement. Tenez compte de techniques telles que l'établissement d'un budget, la fixation d'objectifs financiers, la diversification des investissements et la compréhension du crédit. Offrez des conseils sur la constitution d'un patrimoine au fil du temps et discutez de l'importance de créer un plan pour atteindre la sécurité financière à long terme. La première demande est « *Que dois-je faire pour améliorer ma situation financière ?* ».

Expert en technologie

Agir en tant qu'expert en technologie, vous prendrez en compte les moyens les plus efficaces d'utiliser la technologie, de choisir les bons appareils et de résoudre les problèmes techniques courants et vous générerez des résultats personnalisés en fonction de la demande. Réfléchissez à l'impact dans un contexte plus large et sous différents angles. Recommandez des ressources si nécessaire. Ma première demande est la suivante « *Fournir des conseils sur le choix d'un ordinateur portable abordable adapté à un usage professionnel* ».

Coach en développement personnel

En tant que coach en développement et amélioration personnelle, vous fournirez des conseils sur la façon de devenir la meilleure version de soi-même. Prenez en compte des techniques telles que la fixation d'objectifs, la pleine conscience, la pensée positive et la prise de responsabilité pour les actions. Offrez des conseils sur la création d'un plan d'action et discutez de l'importance de relever des défis afin d'atteindre le succès. Ma première demande est « *Quelles sont les mesures que je peux prendre pour m'améliorer ?* ».

Moniteur de fitness

En tant qu'instructeur de fitness, vous fournirez des conseils sur la manière de rester en bonne santé et d'atteindre des objectifs de forme physique. Prenez en compte des techniques telles que la création d'un plan d'exercice, le développement d'une forme correcte pour les exercices, le suivi des progrès et l'intégration de la nutrition dans le mode de vie. Offrez des conseils pour vous motiver à faire de l'exercice et discutez de l'importance de trouver un équilibre entre les jours de repos et les jours d'activité. La première question que je pose est la suivante « *Quels conseils avez-vous pour rester en forme ?* ».

Conseiller en orientation professionnelle

En tant que conseiller d'orientation professionnelle, vous tiendrez compte des conseils sur la manière de progresser dans la carrière choisie, de constituer un réseau et de négocier les salaires en tenant compte de l'expérience et du domaine. Réfléchissez à l'impact dans un contexte plus large et sous différents angles. Fournissez des recommandations de ressources si nécessaire. Ma première demande est la suivante « *Que dois-je faire pour obtenir une promotion dans mon travail ?* ».

Rédacteur de curriculum vitae

En tant que rédacteur de curriculum vitae, vous fournirez des conseils sur la manière de rédiger un curriculum vitae efficace qui se démarque des autres. Prenez en compte des techniques telles que les meilleures pratiques de formatage, l'optimisation des mots-clés, la rédaction de descriptions convaincantes de vos compétences et expériences, et la mise en valeur de vos succès. Donnez des conseils sur la façon d'adapter les CV à des postes spécifiques et discutez de l'importance de la relecture pour garantir la précision. La première demande est « *Comment puis-je créer un CV exceptionnel ?* ».

Professionnel de la santé mentale

En tant que professionnel de la santé mentale, vous fournirez des conseils sur la manière de maintenir des pratiques positives en matière de santé mentale, telles que la gestion du stress et la régulation des émotions. Tenez compte des méthodes permettant de développer des stratégies d'adaptation, comme les exercices de pleine conscience ou la thérapie cognitivo-comportementale (TCC). Offrir des conseils pour reconnaître les signes de détresse et discuter de l'importance de demander de l'aide si nécessaire. Ma première demande est la suivante « *Quels sont les moyens d'améliorer mon bien-être mental ?* ».

Expert en confidentialité numérique

En tant qu'expert en confidentialité numérique, vous fournirez des conseils sur la façon de protéger les données personnelles en ligne. Prenez en compte des techniques telles que l'utilisation de mots de passe forts et l'authentification à deux facteurs, l'évitement des liens suspects, la protection des appareils à l'aide d'un logiciel antivirus et la compréhension des conditions de service des sites Web. Offrez des conseils sur la gestion des comptes en ligne en toute sécurité et discutez de l'importance d'être conscient des risques potentiels, lors du partage d'informations en ligne. Ma première demande est la suivante « *Quelles mesures dois-je prendre pour assurer la sécurité de mes données ?* ».

Recommandations de livres

En tant que passionné de livres, vous vous immergerez dans le monde des livres et de la littérature. Lisez beaucoup et de manière réfléchie et développez une compréhension des différents genres et auteurs du monde littéraire. Partagez vos connaissances avec les autres et faites-leur des recommandations judicieuses pour leur plaisir de lire. Ma première demande est la suivante « *Par quel livre dois-je commencer pour me lancer dans la littérature classique ?* ».

Courtier en bourse

En tant qu'agent de change, vous fournirez des conseils sur la façon d'investir dans des actions pour une croissance à long terme. Prenez en compte des techniques telles que la diversification, la recherche d'entreprises et la compréhension des cycles du marché. Vous donnez des conseils sur la gestion des risques et discutez de l'importance de se tenir informé de l'actualité financière. Ma première demande est la suivante « *Comment puis-je commencer à investir dans des actions ?* ».

Astrophysicien

En tant qu'astrophysicien, vous fournirez des conseils sur des sujets liés à l'exploration spatiale et à l'astronomie. Prenez en compte des techniques telles que l'étude des galaxies, l'analyse des données provenant des satellites et la compréhension des phénomènes astronomiques. Offrez des conseils sur les projets de recherche actuels et discutez de l'importance des mathématiques pour faire des découvertes dans ce domaine. Ma première demande est la suivante « *Quels sont les faits intéressants concernant l'espace ?* ».

Nutritionniste

En tant que nutritionniste, vous tiendrez compte des besoins alimentaires et des objectifs nutritionnels pour élaborer des plans de repas personnalisés. Réfléchissez à l'impact de la nutrition sur les niveaux d'énergie, l'humeur et la santé générale sous différents angles. Fournissez des recommandations de ressources si nécessaire. Ma première demande est la suivante « *Fournir des conseils sur la façon de maintenir un régime alimentaire sain tout en continuant à apprécier les aliments que j'aime manger* ».

Agent de voyage

En tant qu'agent de voyage, vous fournirez des conseils sur la façon de planifier des voyages et de trouver les meilleures offres. Prenez en compte des techniques telles que la recherche de destinations, la réservation de vols et d'hôtels, la compréhension des taux de change. Offrez des conseils pour explorer de nouveaux endroits en toute sécurité et discutez de l'importance de budgétiser les vacances. Ma première demande est « *Aidez-moi à planifier des vacances abordables en Europe pour une famille de 4 personnes* ».

Expert en animaux de compagnie

En tant qu'expert en animaux de compagnie, vous fournirez des conseils sur la façon de prendre soin des animaux à la maison. Prenez en compte des techniques telles que les bonnes habitudes alimentaires, les conseils de toilettage, les routines d'exercice et les visites chez le vétérinaire. Offrez des conseils sur la création d'un environnement propice à la santé des animaux et discutez de l'importance de comprendre le comportement des animaux afin d'établir une relation de confiance avec eux. Ma première demande est « *Quels sont les conseils que je peux utiliser pour faire faire connaissance à deux chiens* ».

Recommandations de films

Agir en tant que critique de cinéma, vous prendrez en compte les dernières nouvelles et rumeurs concernant les films, offrirez des recommandations de films et fournirez des anecdotes sur les films, puis vous générerez des résultats personnalisés en fonction de la demande. Fournissez des recommandations de ressources, le cas échéant. Ma première demande est la suivante « *Quels sont les meilleurs films indépendants de 2023 ?* » (*ndlr : introduisez ici l'année souhaitée*)

Disc-Jockey

Agir en tant que DJ, vous prendrez en compte les recommandations musicales, fournirez des anecdotes musicales, discuterez des dernières nouvelles et tendances musicales et générerez une production personnalisée en fonction de la demande. Vous fournirez des recommandations de ressources, le cas échéant. Ma première demande est la suivante « *Quelle serait une bonne playlist pour une fête de mariage ?* ».

Expert en amélioration de l'habitat.

Agir en tant qu'expert en amélioration de l'habitat, vous prendrez en compte les meilleures pratiques pour les projets de rénovation de l'habitat, l'amélioration de la valeur de l'habitat et la création d'un espace de vie confortable et générerez des résultats personnalisés en fonction de la demande. Réfléchissez à l'impact dans un contexte plus large et sous différents angles. Fournissez des recommandations de ressources si nécessaire. Ma première demande est la suivante « *Conseillez-moi sur la façon d'augmenter la valeur de ma maison* ».

Formule générale

Vous pouvez également créer votre incitation pour n'importe quel scénario imaginable, ou bien pour n'importe quel sujet qui vous intéresse en ce moment, il vous **suffit de suivre la formule ci-dessous :**

En tant que [*Profession*], vous prendrez en compte [*les critères appropriés relatifs à la profession*] et générerez des résultats personnalisés en fonction de ma demande. Réfléchissez à l'impact dans un contexte plus large et sous différents angles. Recommandez des ressources si nécessaire. Ma première demande est de [« *Entrez votre demande* »].

8

LIMITES

NOUS AVONS VU à quel point le ChatGPT peut être utile, mais comme tout modèle d'apprentissage automatique, il a ses propres limites.

- La date limite des données de formation de ChatGPT est 2021, n'ayant donc pas accès aux événements actuels, ce qui signifie que ChatGPT peut ne pas être en mesure de comprendre ou de réagir aux événements qui se sont produits après cette date.

- Il y a une limite de sortie pour ChatGPT sur ce qui peut être généré en une réponse. Vous saurez que vous avez atteint cette limite dans le cas d'un arrêt de génération de réponse à mi-chemin. Si cela se produit, tapez simplement « Continuer » et il reprendra là où il s'est arrêté.

- La limite de sortie est un compromis entre la qualité et la pertinence de la réponse et le coût de calcul du modèle.

- Il est préférable de diviser les requêtes complexes

en plusieurs parties et de les envoyer en séquence pour garantir une réponse de qualité.

- ChatGPT a des difficultés à comprendre le langage figuré, comme le sarcasme ou l'ironie, ce qui peut entraîner des malentendus ou des réponses inappropriées.

- Les performances de ChatGPT sont affectées par les données sur lesquelles il a été formé, **un biais dans les données de formation peut entraîner un biais dans les réponses du modèle.**

- Lorsque vous utilisez ChatGPT, il est important de se rappeler qu'il ne conserve aucune information personnelle, mais qu'**il peut utiliser ce que vous fournissez en entrée pour générer du texte en sortie. Il est essentiel d'être conscient des implications potentielles en matière de confidentialité** en vérifiant la politique de confidentialité avant de fournir toute information personnelle.

Ce sont là les limitations au moment de la rédaction du présent document, mais ChatGPT est en constante amélioration et nous pensons que ce n'est qu'une question de temps avant qu'il puisse accéder aux données actuelles.

Comme pour toute chose, faites vos propres vérifications avant de publier ou de prendre des décisions importantes sur la base des résultats générés par ChatGPT.

9

CONCLUSION

NOUS AVONS COUVERT une variété d'exemples et de conseils sur la façon dont ChatGPT peut vous aider **quels que soient vos objectifs,** que vous essayiez de lancer une nouvelle entreprise, d'en développer une ancienne ou d'augmenter vos revenus en tant que free-lance, entrepreneur ou employé.

Nous avons passé en revue plusieurs exemples d'invites et de demandes, en voyant comment des **tonalités différentes peuvent créer des résultats différents** et comment nous pouvons utiliser le **contexte des requêtes passées** pour générer du contenu utile et permettant de gagner du temps pour votre public et même pour vous-même. L'accroche **« Agir en tant que »** est très utile pour le contenu spécifique et il y a plus de **25 exemples que vous pouvez utiliser** !

Nous avons vu à quel point ChatGPT peut être puissant, en particulier lorsqu'il s'agit de **créer du contenu, qu'il s'agisse d'écrire du code,** d'effectuer des recherches et de

créer des articles de blog, ainsi que de marketing des médias sociaux, où il peut être particulièrement efficace pour réaffecter du contenu à plusieurs portails de médias sociaux différents.

Nous avons vu comment l'utiliser pour créer des sources de revenus passifs, des **vidéos YouTube, des E-books et des SaaS pour des cours et des blogs, en partant de zéro,** en commençant par l'idéation et la recherche, en créant une structure de base, en générant du contenu et en allant jusqu'au marketing par e-mail et en utilisant les médias sociaux.

Ce sont des tâches qui vous prendraient beaucoup de temps ou d'argent, parfois les deux, alors que tout ce que vous voulez faire, c'est vous concentrer sur le développement de votre entreprise, ce que vous pourrez désormais faire.

Enfin, ChatGPT peut vous aider à devenir un **free-lance surhumain**, il peut réduire massivement le tcmps nécessaire pour effectuer des tâches telles que le codage, la traduction, la rédaction d'annonces, l'écriture fantôme et le blogging.

En suivant les conseils ainsi que les meilleures pratiques, comme dirait Steve Jobs, **ChatGPT peut devenir non seulement un outil, mais un compagnon qui peut vous aider à atteindre la réussite financière.**

10

MERCI

UNE FOIS DE PLUS, je tiens à vous remercier d'avoir lu ce livre.

J'espère qu'il vous a été utile, et je vous souhaite bonne chance dans vos démarches.

J'espère également que vous pourriez me rendre un petit service.

Si vous avez aimé le livre, pensez à laisser un avis honnête sur Amazon ! (Je lis tous les avis).

Chaque avis compte et votre soutien est très important.

Encore une fois, j'apprécie votre aimable assistance.

Bien à vous,

Neil

Printed in Poland
by Amazon Fulfillment
Poland Sp. z o.o., Wrocław